MW01094140

*Generación Silver*

ANTONI M. LLUCH

# Generación Silver

*Un nuevo estilo de vida, ¡ahora empieza lo mejor!*

ALMUZARA

© Antoni M. Lluch, 2020
© Almuzara, s.l., 2020

Primera edición: noviembre de 2020

Almuzara • Sociedad actual
Director editorial: Antonio Cuesta
Edición de Ángeles López
Corrección y maquetación de Rebeca Rueda
pedidos@almuzaralibros.com - info@almuzaralibros.com

Imprime: Kadmos
ISBN: 978-84-18346-61-3
Depósito Legal: CO-1026-2020
Hecho e impreso en España - *Made and printed in Spain*

# Índice

*Dedicado a tres mujeres maravillosas: mi esposa Vicky y nuestras hijas, Júlia y Clàudia. Por ser como sois y por compartir el mismo barco en esta aventura por la vida.*

# Introducción

«El futuro nos tortura y el pasado nos encadena.
He ahí por qué se nos escapa el presente».

Gustave Flaubert

La idea de este libro nació en noviembre de 2016, tras cumplir, sin darme cuenta, sesenta años. Sinceramente, aún hoy, cuatro años más tarde, me resulta difícil y tengo que hacer un esfuerzo para ser consciente de ello.

A partir de aquel veinte de noviembre empecé a experimentar una serie de sentimientos contradictorios. Cuando algo o alguien me recordaba que había cumplido los sesenta, hacía un esfuerzo por resituarme con el convencimiento de que había llegado el momento de asumir mi edad y que, por ello, dejaría de sentirme joven. La suerte es que este pensamiento duraba muy poco, ya que mi cerebro conectaba al momento con mi verdadero yo: el de los cuarenta y tantos.

El hecho de sentirme joven, cuando tendría que estar pensando en una futura jubilación, me hizo reflexionar y analizar mi vida hasta aquel momento. Descubrí en mi interior un sentimiento en el que se mezclaban la paz y la felicidad, ya que, por primera vez, me percaté de que había superado, sin darme cuenta, las etapas más difíciles de mi vida. Me sentía como el maratoniano que no es consciente de los kilómetros que lleva corriendo hasta que toma consciencia de que apenas le faltan unos metros para llegar a la meta. A partir de este momento sentí que solo cabía esperar lo mejor.

No me quejo de mi vida hasta hoy, al contrario: he podido llevar a cabo, no sin esfuerzo, numerosos proyectos. Esto implicó pasar épocas en las que el trabajo me ocupaba más horas de las que hubiera deseado, casi sin horarios, y restándole tiempo y atención a la familia. A pesar de ello, siempre he tenido claro que se trataba de etapas, las cuales iniciaba y finalizaba con la misma ilusión y con la satisfacción de haberlas superado. Nunca me he aferrado a ellas y a lo que podían representar para mi prestigio personal o profesional, ya que creo que el sentido de la vida es algo más simple pero a la vez profundo.

Este convencimiento me ha permitido, aunque a veces no ha sido fácil, no perder de vista lo que de verdad importa: la familia, la salud, los amigos, la paz interior y las pequeñas cosas que hacen que la vida merezca ser vivida.

Aceptar nuestro presente y la capacidad de separarnos del pasado es positivo para el progreso de la persona y fundamental para cerrar ciclos, ya que nos hace conscientes de que podemos decidir sobre nuestro futuro dando una mayor coherencia a nuestras vidas. «Yo no soy lo que me sucedió, yo soy lo que elegí ser», afirmó Carl Jung.

Soy licenciado en Medicina y Cirugía, y tengo un doctorado en Odontología. Empecé mi actividad profesional en el año 1982, cuando fundé Clínica Lluch, aunque siempre he combinado la práctica clínica privada con la docencia. Lo que más me ha atraído y me ha aportado de mi práctica profesional, como médico y docente, ha sido la relación personal que he ido entablando, a través de los años, con mis alumnos y pacientes.

He pasado de formar a alumnos y profesionales sobre las

nuevas técnicas en el campo de la odontología —las conocidas como «habilidades duras» (*hard skills*)— a formarlos en otras facetas que me apasionan —como son las competencias en «habilidades blandas» (*soft skills*)—. Me atrevo a decir que la importancia que van adquiriendo estas competencias blandas, frente a las duras, es comparable a la importancia que adquirió en su momento la inteligencia emocional frente al coeficiente intelectual.

Estas habilidades blandas son las que nos permiten interrelacionarnos con los demás y no solo nos facilitan el desempeño profesional, sino que también tienen una gran significación a nivel personal. Este interés por razonar el porqué de los pensamientos, sentimientos y conductas propias y de los demás me ha llevado a la búsqueda de lo que de verdad importa en la vida y nos hace sentir bien, aunque algunas veces no encaje con lo que se percibe de la sociedad.

Volviendo a las secuelas de mi aniversario, a pesar de los sesenta años, me sentía joven, con suficiente salud, fuerza e ilusión para desarrollar múltiples proyectos, algunos pendientes y otros nuevos. Esta ilusión no encajaba con lo que me dictaba el sentido común, por lo que decidí analizar y estudiar quién me engañaba o quién tenía razón, si mis sentimientos o mi sentido común. Del resultado de este análisis nació este libro, que espero que te sea útil.

Basándome en estudios científicos, estadísticos y demográficos, te puedo asegurar que es normal que una persona se pueda sentir más joven de lo que marca su edad de nacimiento, y no solo esto, sino que, como veremos más adelante, puede llegar a ser hasta diez o quince años más joven de lo que marca su documento nacional de identidad. Te demostraré que este «ser más joven» depende muy poco de la genética de cada uno y mucho de su estilo de vida.

No hay duda de que viviremos bastantes más años que las generaciones anteriores y que, si lo hacemos bien, dispondremos de una mejor calidad de vida. James Vaupel, director del Max Planck Institute for Demographic Research (MPIDR), experto de referencia en envejecimiento y una de las principales voces del llamado «optimismo demográfico», expone, en un artículo publicado en la revista *The Lancet*[1], que el aumento de la esperanza de vida en los países desarrollados, durante los últimos dos siglos, continúa constante durante este siglo. Afirma también que la mayoría de los nacidos a partir del año 2000, en los países desarrollados o con tradición longeva, como es España, pueden llegar a vivir 100 años. Este incremento en la longevidad corresponde a dos años y medio por cada década, lo que representa tres meses por año o seis horas más por día.

Vaupel afirma también que este aumento en la esperanza de vida va acompañado de una mejor salud y de una aparición más tardía de las limitaciones propias de la edad, sugiriendo, como verás a lo largo del libro, que los procesos de envejecimiento son modificables.

Soy consciente de que el cambio al que te enfrentas —y que te deja fuera de tu conocida zona de confort— te preocupa. Es normal, nos pasa a todos, pues nunca estamos suficientemente preparados para ello. Espero que, tras leer este libro, te des cuenta de que no hay motivo para ello, sino todo lo contrario: es una oportunidad única la que se te ofrece. Por primera vez en tu vida puedes escoger libremente cómo quieres vivir el resto de tus días. Según Charles Darwin, «quien sobrevive no es el más fuerte ni el más inteligente, sino el que mejor se adapta al cambio». Este tienes que ser tú.

Si visualizas tu vida hasta hoy y la comparas con las series televisivas, verás que te has pasado el primer tercio de tu vida, lo que sería la primera temporada, formándote.

---

1   CHRISTENSEN, K.; DOBLHAMMER, G.; RAU, R., y VAUPEL, J. W. (2009). «Ageing populations: the challenges ahead». *Lancet*, 374.9696: 1196-2008.

En el segundo tercio de la vida, o segunda temporada, te has esforzado en cumplir con todo lo que se espera de una persona adulta, trabajando, buscando pareja, luchando por la familia, intentando adquirir todo aquello que creías que te hacía feliz a la vez que luchabas para ser socialmente aceptado.

Ahora va a empezar tu tercera temporada, la que abarcará el último tercio de tu vida y, por primera vez, no dispones de ningún guion escrito, lo que te hace libre para decidir cómo quieres que sea tu futuro.

Seguro que te estás preguntando en qué consiste este nuevo estilo de vida que te va a permitir que todo sea como a ti te gustaría que fuera. Aunque no tengas muy claro qué sentido quieres darle, comprobarás que no es difícil descubrirlo, ya que dispones de un amplio abanico de posibilidades que se abren ante ti, relacionadas con tu salud, la felicidad, la despreocupación económica o el hecho de darle más sentido a tu vida, siendo tus decisiones las que diseñarán tu nuevo estilo de vida.

El secreto para lograrlo está descrito en numerosos estudios científicos actuales y en la experiencia de los pueblos más longevos y felices del mundo. Ambos coinciden en volver a los orígenes para recuperar aquellos hábitos y costumbres que hemos ido olvidando, valorando lo que de verdad importa.

Espero que con la lectura de este libro cambies tus pensamientos o sentimientos respecto a lo que puedes esperar, ya que el solo hecho de conocer las oportunidades que se te presentan te permitirá decidir y actuar según tu criterio. Yo no te diré lo que tienes que hacer, pero sí lo que puedes hacer, esperando que reflexiones a partir de este momento. Has hecho tu trabajo. No se trata de quién eres y de cómo vives hoy, sino de cómo quieres vivir y quién quieres ser mañana.

Si has escogido este libro es porque sabes que te enfrentas a un cambio, porque no te resignas a seguir el guion preestablecido y porque quieres descubrir cuál es el sentido que tiene —y puedes darle a— esta nueva temporada. Espero ayudarte a buscar un mayor equilibrio en tu vida, más creatividad, mejor salud, menos estrés, más felicidad, más satisfacción..., lo que te recompensará de todos los sacrificios y esfuerzos que has realizado durante las dos primeras temporadas.

Recuerda que dispondrás de todo tu tiempo, y que solo tú eres dueño de tu propio destino. Adonde vas únicamente depende de quién quieras ser a partir de este momento. Tomar las decisiones de qué y cómo lo vas a hacer lleva su tiempo, pero si lo haces bien, te va a posibilitar vivir muchos años disfrutando de cada momento. ¿No es genial pensar que dispones de un tercio de tu vida por delante para vivirla de verdad?

Para empezar, debes ser realista y sincero con tu situación actual y contigo mismo. Si no reconoces tu situación personal en este momento, difícilmente podrás mejorar ni decidir cómo quieres que sea en el futuro, ya que no dispondrás de un referente, por lo que malgastarás la oportunidad que se te ofrece.

Sé que es más fácil dejarse llevar por la ilusión de que te liberarás de parte de tus obligaciones que la de afrontar un cambio y plantearte que dispones de la oportunidad de emprender una renovación, que te permita que esta nueva etapa sea una de las más plenas de tu vida. Decidas lo que decidas, estará bien, pero debes empezar a pensar en ello, y recuerda: solo vivimos una vez.

Nunca has sido tan libre para decidir el estilo de vida que deseas, sin ataduras, ya que no tienes que demostrar nada ni impresionar a nadie, ni siquiera tienes la necesidad de hacerlo todo bien. Reflexiona sobre ello. Ha llegado el momento de no aceptar más guiones escritos sobre cómo debe ser tu vida y plantearte cómo quieres vivirla; de lo contrario, terminarás derrochándola.

A todos nos preocupa cómo evolucionará nuestra salud en el futuro. Entenderás que *enfermedad* y *envejecer* son dos términos que describen procesos completamente diferentes y que, como ya te he comentado, puedes rejuvenecer, dado que tu cerebro y tu cuerpo están en continuo cambio y regeneración, y que ello depende, básicamente, de tu estilo de vida.

Seguramente no te has cuidado a nivel físico y emocional todo lo que debieras. Ahora es el momento de cambiar aquellos hábitos que has ido acumulando, que no te aportan nada bueno y que te están controlando. Aprenderás a llevar una dieta saludable de una forma sencilla. Entenderás que para tu salud tan importante es la calidad como la cantidad de lo que comes. Descubrirás, como Confucio ya vaticinaba 5000 años a. C., lo que nos indican actualmente las últimas investigaciones sobre el control del aporte de calorías y su beneficio sobre la salud.

También, como describió Ramón y Cajal, gracias a la neurogénesis y la neuroplasticidad cerebral, tienes la posibilidad de potenciar las capacidades de tu cerebro, mejorando tus habilidades.

En tu nuevo estilo de vida debes recuperar la práctica del ejercicio físico habitual, ya que es el gran factor de protección para el mantenimiento de tu salud y tu longevidad. En caso contrario, debes saber que el sedentarismo facilita la aparición de enfermedades y la disminución de las capacidades motrices, por lo que irás perdiendo autonomía, lo que condicionará tu calidad de vida. No permitas que nadie te limite una actividad en razón a tu edad, solo tú conoces tus posibilidades. Si dejas de hacerlo, rápidamente envejecerás.

En esta nueva etapa, debes descubrir o recuperar aquellas actividades que amas, que te seducen y te liberan, dando sentido a tu día a día. Tareas que te motiven a levantarte por la mañana con ilusión, que supongan un desafío y que hagan que se te pasen las horas sin darte cuenta, convirtiéndose en un espacio de crecimiento para ti.

Es lógico que te preocupe tu situación financiera. Te puedo asegurar que los de nuestra generación, la generación *silver*, no lo tenemos tan mal, ya que, como verás a lo largo del libro, somos una generación privilegiada. Nunca antes ha habido una generación con nuestros privilegios, y difícilmente se dará otra con nuestras prerrogativas.

La generación *silver* está formada por los miembros del *baby boom* (nacidos entre 1946 y 1964, según la mayoría de autores), por lo que tenemos entre 56 y 74 años. Se nos conoce como una generación con una previsión de longevidad muy superior a la de la generación anterior, la generación silenciosa, y nos caracterizamos por presentar un espíritu joven. Nos hemos beneficiado de una época de gran estabilidad económica y social única en la historia y llegamos a *silvers* con ganas de emprender nuevos retos, pero también preocupados por conservar y mejorar, en lo posible, nuestra calidad de vida.

Seguro que te preocupa saber cuánto podrás gastar y cómo deberás utilizar tu dinero. Me he permitido hacerte una serie de reflexiones con la finalidad de que seas más consciente de cuándo estás disfrutando de tu dinero o cuándo lo estás quemando.

Te informaré de las opciones que existen para seguir percibiendo tu jubilación a la vez que puedes mejorar tus ingresos optimizando tu patrimonio, si lo tienes, o bien realizando alguna actividad remunerada.

Tao Te Ching escribió: «Aquello que miramos y no podemos ver es lo simple». Espero que, con la lectura de este libro, llegues a valorar la importancia que tiene aquello que es simple, para que esta sea, si no la mejor, una de las mejores etapas de tu vida.

## ANTES DE EMPEZAR

# Prepárate para salir de tu zona de confort

«Una buena parte de las cosas que quieres en la vida
está fuera de tu zona de confort».

Idowu Koyenikan

Desde que naciste, la vida y la sociedad te han planteado retos, algunos que no has podido rechazar y otros que no has aceptado. A pesar de ello, has luchado para tener tu refugio, donde te sentías seguro y cómodo, y aunque cada nuevo reto te sacaba de tu franja de seguridad, una vez conseguido, regresabas rápidamente para acomodarte y permanecer en ella.

No sé cuál es tu carácter, si eres de los que se conforman con lo que tienen o de los que creen, como Thomas Jefferson, que, «si quieres algo que nunca has tenido, debes estar dispuesto a hacer algo que nunca has hecho», por lo que has vencido al miedo, arriesgándote, y has salido a luchar para conseguir todo aquello que anhelabas. Sean cuales sean tu carácter y tu actitud frente a la vida, ahora estamos todos igual: fuera de nuestra zona de confort. Y reconócelo: esta vez nos han echado, no lo hemos decidido, sino que la edad y el sistema nos han llevado a ello.

19

Ante este vacío que sientes ahora, sobre cómo será tu vida los próximos treinta años, te puedo asegurar que, de vacío, nada. Debes agradecer la oportunidad que se te brinda para iniciar una nueva etapa, sin guiones preestablecidos, sin las limitaciones y los condicionantes que la sociedad te ha impuesto hasta ahora. Date cuenta de que, por primera vez, eres totalmente libre de elegir qué sentido quieres darle y cómo quieres vivir tu vida, sin correr el riesgo de haber tomado una decisión errónea, al abandonar tu conocida zona de confort, ya que tú no lo has decidido.

Esta circunstancia, junto con tu edad y tu experiencia, te induce a darle un sentido más profundo y más personal a tu existencia, dedicándole más tiempo a lo que de verdad valoras y a todos aquellos proyectos o actividades que desconocías que podrías hacer o tenías pendientes.

Según afirma Steve Jobs:

> Cada día me miro en el espejo y me pregunto: «Si hoy fuese el último día de mi vida, ¿querría hacer lo que voy a hacer hoy?». Si la respuesta es no durante demasiados días seguidos, sé que necesito cambiar algo.

No sé si, como dice Steve Jobs, no has cambiado porque ya estabas contento con tu día a día, o, por el contrario, deberías de haber cambiado y no lo has hecho porque no te atrevías, porque nunca encontrabas el momento o bien porque tus obligaciones te tenían encadenado.

Ahora tu situación es diferente, tu día a día, tu círculo de amistades, tus obligaciones, tu tiempo libre, tus ingresos económicos…, todo ha cambiado. Eres consciente de que estos cambios te afectarán personalmente, y lo más importante es que tú también vas a cambiar, ya que tu crecimiento personal empieza ahora que estás fuera de tu zona de confort. Como dijo Max De Pree, empresario y escritor americano, «no podemos convertirnos en lo que queremos ser, siendo lo que somos».

Es posible que, al ser consciente de que estás fuera de tu zona de confort, te sientas cansado para afrontar un nuevo reto y decidas que lo que quieres es no hacer nada, que te has ganado el derecho a liberarte de parte de tus obligaciones y dejarte llevar, antes que afrontar un cambio. Si es así, te darás cuenta de que la satisfacción dura poco. Debes saber que no se puede ser feliz sin objetivos en la vida, ya que todo pierde su sentido, y más ahora que, por defecto, al cesar en tu actividad habitual, es fácil dejar de formar parte activa de la sociedad.

Tampoco debes entrar en una situación de duelo por lo que dejas atrás, todo lo contrario: has de sentirte libre y feliz, ya que nadie te quita nada, es el premio a los servicios prestados. Piensa que tu verdadero redescubrimiento empieza ahora que eres libre y has abandonado tu limitada, peligrosa, aburrida y convencional zona de confort.

Probablemente aún estés confuso e inseguro ante lo que puede representar este cambio en tu vida. Si es así, solo te pido que sigas leyendo este libro, ya que te permitirá explorar las oportunidades que se abren ante ti y cómo estas pueden influir en tu futuro, aunque al final serás tú quien decida.

En el año 2000 en Cataluña y 2002 en España, se crearon sendas leyes que defendían lo mismo: el derecho a la información y a la autonomía de los pacientes[2]. Estas leyes exponen los derechos que tienen los pacientes, en lo que concierne a la obligación de ser informados sobre su estado de salud y posibilidades de tratamiento por parte de los

---

2   Ley 41/2002, de 14 de noviembre, básica reguladora de la autonomía del paciente y de derechos y obligaciones en materia de información y documentación clínica.

profesionales sanitarios y decidir si aceptan o no el tratamiento propuesto.

En este caso te digo lo mismo que a mis pacientes: deja que te informe de las posibilidades que se abren ante ti y de los beneficios que ellas pueden aportarte y después, con conocimiento de causa, decide cómo quieres vivir el resto de tu vida.

Hasta ahora te has sentido cómodo en tu zona de confort, la conocías, la dominabas más o menos y te ha permitido llegar hasta aquí. Todo ello te ha dado seguridad, a pesar de que, en muchos casos, has aceptado sus condicionantes poco confortables o perjudiciales. No voy a criticarte, lo respeto, ya que cada uno es libre de decidir qué riesgos quiere asumir y lo que está dispuesto a aguantar. Era tu opción, y las circunstancias de cada uno son sus circunstancias. Ahora es diferente, tu situación ha cambiado, es el momento de abandonar los patrones que no te aportan nada bueno para lanzarte a vivir la vida que aspiras, aunque para ello deberás descubrir o redescubrir cuál es tu objetivo u objetivos, y cuál quieres que sea tu estilo de vida a partir de ahora.

No hay nada escrito sobre lo que debes hacer en el futuro, por lo que esta situación es nueva para ti. Seguramente ello te desconcierta y te lleva a formular preguntas como cuál es el verdadero sentido de la vida, qué importancia le das a lo que has hecho o qué es lo que de verdad te espera. Es normal, en esta situación todos tenemos las mismas dudas.

A todos nos preocupan especialmente tres cosas en este momento: ¿cómo vamos a manejar nuestra economía? ¿Cómo vamos a mantener nuestra salud? Y, por último, ¿qué nos espera a partir de ahora? La respuesta a todo ello dependerá de las decisiones que vayas tomando sobre cómo decides vivir, lo que llamo, a lo largo del libro, «estilo de vida», tu forma de vivir en el concepto más amplio de la palabra.

Para que te vayas convenciendo de que lo que dejas atrás no era tu verdadera o, en todo caso, única zona de confort, piensa en el criterio de prioridades que te han guiado en algunos casos y que han dirigido tu vida, obligándote, muchas veces, a sobrevivir más que a vivir. Esto ha cambiado, por lo que, si lo haces bien, ¡ahora empieza lo mejor!

Deberás redescubrir una parte de ti que tenías olvidada, lo que te permitirá reconocer lo que de verdad deseas y lo que es bueno para ti. Te darás cuenta de que en la mayoría de los casos lo más grande será lo más simple, por lo que simplifica, sé realista, positivo, analiza lo que de verdad anhelas y le da valor a tu vida y empieza a andar.

Evita, en lo posible, preocuparte demasiado por hacer lo correcto: no tienes que demostrar nada a nadie ni pensar constantemente si estás haciendo lo adecuado, ya que ello solo te puede crear dudas que van a dificultar que sigas avanzando. Déjate llevar e intenta, en esta etapa, ser menos racional y observar más tus sentimientos.

Empieza por incorporar la *slow life* a tu vida. Ya no tienes por qué correr ni cumplir con fechas de entrega; aprende a disfrutar de tu presente, del momento, de tu día a día con calma y tranquilidad.

Tómate tu tiempo, «un viaje de diez mil kilómetros empieza por un solo paso», según reza un proverbio chino. Las decisiones sobre lo que vas a hacer o cómo te gustaría vivir no debes tomarlas precipitadamente: necesitan reflexión, por lo que debes empezar a trabajarlas cuanto antes. Ponte a ello, sin valorar si avanzas mucho o poco, ya que algunas requieren que estés más acomodado en tu nuevo estilo de vida.

Busca un momento en el que estés tranquilo, cierra los ojos y visualiza cómo te gustaría sentirte a partir de ahora. No lo que te gustaría tener o cómo te gustaría ser, sino cómo te gustaría sentirte. Debes saber que «lo que soy» y «lo que tengo» te aportan poco, y menos a partir de ahora;

son efímeros y temporales si los comparas con lo que sientes al estar bien.

Aun así, no te empeñes en ser feliz, ya que ello nunca debe ser un objetivo en sí mismo, sino que será el resultado de tus circunstancias y tu forma de vivir. Si estás ocupado o preocupado intentando ser feliz, la misma búsqueda te impedirá serlo. Acostúmbrate a disfrutar del camino. Recuerda que los momentos en los que has experimentado aquella sensación de bienestar físico y emocional, en la que tu cuerpo y tu mente te decían: «Estoy bien y no necesito nada», no los has buscado, han fluido fruto de tu estado y del momento.

Es normal que este cambio, que afectará a tu vida y a ti mismo, te preocupe y te haga sentir inseguro; nos ocurre a todos. Acéptalo como parte del proceso, ya que nunca estamos suficientemente preparados para abandonar nuestra conocida zona de confort.

Juan Donoso Cortés, escritor y político español del siglo XIX, dijo que «lo importante no es escuchar lo que se dice, sino averiguar lo que se piensa». Hasta ahora has estado escuchando cómo debías actuar y qué debías hacer; ahora ha llegado el momento de interiorizar y de que averigües cómo quieres vivir esta nueva etapa de tu vida.

Al principio del libro *El demonio y la señorita Prym*, Paulo Coehlo escribe:

> La vida nos coloca delante un desafío que pone a prueba nuestro coraje y nuestra voluntad de cambio; en ese momento no sirve fingir que no pasa nada, ni disculparnos diciendo que aún no estamos preparados.

Ahora tú también te enfrentas a un desafío, y no vale fingir que todo seguirá igual, pues no es así, por lo que debes empezar a prepararte, ya que el cambio es importante. Decidas lo que decidas, estará bien, es tu decisión, pero ha llegado el momento de analizar tus rutinas y resolver qué quieres hacer. No hay nada peor, ante cualquier circunstancia de la vida, que ser consciente de que no puedes escoger. Este no es tu caso, ahora tienes la oportunidad de actuar.

Ser o saber y hacer para finalmente tener son las premisas básicas necesarias para llevar a cabo cualquier proyecto. Debes empezar por reconocer tu situación personal y la situación en la que estás ahora (*ser*); de esta forma, llegarás a ser consciente de todo lo que puedes mejorar y de todo aquello que te gustaría llevar a cabo, lo que te dará las bases para empezar a construir tu proyecto (*hacer*) y, finalmente, disfrutar de tu nueva etapa (*tener*).

No te compares con los demás, sé realista, positivo y acepta tu situación actual. Te darás cuenta de que lo que buscas no depende únicamente de si tienes más o menos salud, ni de si dispones de más o menos dinero, sino que depende de las decisiones que tomes a partir de este momento, de cómo vas a utilizar tus recursos y, muy importante, de qué recursos nuevos vas a incorporar. Al final, es posible que no puedas obtener todo lo que quieres, pero seguro que podrás conseguir lo que realmente deseas.

Pasarás por una primera fase que implica una transición incierta, al dejar atrás una parte de ti, por lo que te sentirás en tierra de nadie, ya que tu entorno habrá cambiado. Habrás abandonado la zona que conocías, tus actividades habituales y aun estarás descubriendo y diseñando tu nuevo estilo de vida. Debes aceptarlo, no es malo, es así, y si lo haces bien, rápidamente te reconstruirás.

Te has ganado el derecho a disfrutar de una vida más fácil y tranquila, sin creencias limitantes, y aunque no tengas muy claro todo lo que quieres hacer, seguro que sí tienes claro lo que no quieres hacer. Simplifica, despójate de lo superfluo y no repliques rutinas absurdas que no te aportan nada. Rodéate de lo que verdaderamente valoras y te hace feliz, reencuentra estos sentimientos y deja que fluyan.

Aprovecha para relacionarte y enriquecerte de las personas que te aportan y te motivan, ellas te darán su opinión y podrán orientarte, ya que son las que mejor te conocen. Además, muchas veces tu proyecto va a ser un proyecto compartido, pero no olvides que al final la elección ha de ser tu elección. Verás como, a medida que vayas cambiando, tu entorno también cambiará y te sentirás mejor.

Márcate pequeños propósitos que te permitan disfrutar de las pequeñas transformaciones que vayas consiguiendo. Evita luchar hasta lograr unos objetivos concretos, como has estado haciendo hasta ahora, y aprende a disfrutar del camino, ya que con poco que logres te sentirás más que satisfecho, lo que te empujará a seguir avanzando. No debe importarte hasta dónde llegues, sino lo que estás haciendo y lo que sientes al hacerlo. Este es el sentimiento que te hará fluir.

No olvides las horas que has trabajado para ganar el dinero suficiente para comprar tiempo y dedicarlo a todo aquello que querías hacer. Ahora dispones de todo el tiempo, por lo que debes aprovecharlo y gestionarlo con sabiduría, si no, correrás el riesgo de derrocharlo y terminar sin saber qué hacer, o haciendo todo aquello que no quieres. El tiempo del que disponemos en la vida es finito: disfrútalo y empléalo bien, no lo malgastes.

No dudo que, durante estos años, has ido anotando lo que te gustaría hacer llegado este momento, soñando y organizando planes con actividades que te ilusionan y que no has podido llevar a cabo. Ahora es el momento: disfruta de ellas, pero ten en cuenta que muchas son temporales y que no tienen entidad propia para conformar todo un proyecto de vida.

Date el privilegio de adoptar tu nuevo estilo de vida, de cuidarte sea cual sea tu estado; si lo haces, serás capaz de aceptar sin resignación las limitaciones que con los años todos iremos padeciendo, así como que algún día nos vamos a morir y que, mientras tanto, el tiempo va pasando. Dispones de mucho tiempo por delante, así que aprovéchalo para vivir la vida que realmente quieres, lo que te permitirá darle el sentido final que se merece.

Bienvenido a tu nueva zona de confort y a tu nuevo estilo de vida.

✓ *Tu verdadero autodescubrimiento empieza ahora. Eres libre, ya que has abandonado tu limitada, peligrosa, aburrida y convencional zona de confort.*

✓ *Acepta que te han echado, aunque nunca habías estado mejor preparado para abandonarla.*

✓ *Ve eliminando los patrones que no te aportan nada bueno para lanzarte a vivir la vida que anhelas.*

✓ *Es normal que te preocupes por cómo irá tu economía, tu salud y por cómo será tu vida a partir de ahora. Te puedo asegurar que te espera lo mejor y que conseguirlo depende de ti.*

✓ *Simplifica, sé realista, positivo, analiza lo que de verdad te importa y le da valor a tu vida, y empieza a andar.*

✓ *A partir de este momento no debe importarte dónde llegar, sino lo que estás haciendo y lo que sientes al hacerlo.*

✓ *Bienvenido a tu nueva zona de confort y a tu nuevo estilo de vida.*

# Tu edad biológica frente a tu edad cronológica

«Cada edad de la vida es nueva para nosotros; no importa cuántos años tengamos, aún nos aqueja la inexperiencia».

François de La Rochefoucauld

Eres consciente de que con la edad estamos más expuestos a sufrir algún tipo de enfermedad, por lo que, a estas alturas de tu vida, entiendo que puedas estar preocupado por tu salud actual y futura. Hazme caso: es un error. En lugar de preocuparte por tu salud, ocúpate de ella. Sé que es obvio, pero pocas veces lo hacemos y seguimos con nuestros malos hábitos sin cuidar lo que comemos, lo que bebemos, seguimos fumando, no nos movemos lo suficiente y, por si fuera poco, nos estresamos por si caemos enfermos.

Seguro que hasta ahora no te has cuidado lo suficiente o no le has prestado suficiente atención a tu salud, ya que tu cuerpo ha soportado estoicamente y sin rechistar toda la marcha que le has dado, y si se ha quejado, ha sido discretamente. Con los años, alguna de sus quejas ha empezado a ser más persistente, lo que te ha llevado a pensar que ya no eres el mismo, aceptando que alguno de los síntomas que padeces es propio de la edad. Crees que es normal padecer según qué enfermedades o dolencias a estas alturas de tu vida, y que difícilmente van a mejorar si no es a base de tomar alguna medicación o de seguir otro tipo de tratamiento de por vida.

Si es esto lo que piensas, debo decirte que estás equivocado, ya que envejecer y enfermar son procesos distintos, aunque si los relacionas, es fácil llegar a confundirlos. Es cierto que, cuando el cuerpo es joven, se recupera más rápido, debido a que todos los sistemas, órganos y tejidos están mejor preparados para ello, por lo que estamos menos expuestos a sufrir enfermedades, y si enfermamos, sanamos más rápidamente. Aun así, la enfermedad no depende directamente de tu edad, ya que la edad de tu cuerpo no se corresponde con tu edad cronológica, por lo que puedes ser mucho más joven de lo que piensas.

Según la mayoría de estudios, tu salud depende en un 20 % de la genética y en un 80 % de tu estilo de vida y de tus hábitos. Ahora que lo sabes y eres consciente de que no te has cuidado lo suficiente, es posible que te preguntes qué es lo que te espera teniendo en cuenta la vida que has llevado hasta ahora. Pensarás que es una lástima no poder volver atrás para enmendar muchas de las cosas que has hecho, y crees que el daño es irreparable y que no lo remediarás cambiando tu estilo de vida.

Te alegrará saber que no es así. Si cambias tus malos hábitos a partir de ahora, puedes mejorar mucho tu estado de salud, ya que tus células y tus órganos se van renovando, lo que hace que tu cuerpo se esté regenerando continuamente gracias a la acción de las llamadas «células madre» o *stem cells.*

En un artículo publicado en el suplemento de Medicina del periódico *El País,* en el año 2013, titulado «Células madre pluripotentes como nuevas vías terapéuticas», comentaba la función de estas células y los avances que estaban logrando mis compañeros del Departamento de Medicina

Regenerativa de la Universitat Internacional de Catalunya (UIC Barcelona). En aquella época habían logrado establecer un protocolo para el aislamiento e identificación de células madre pluripotentes a partir de la pulpa dental, cuando lo más frecuente era obtenerlas del tejido embrionario, del cordón umbilical, del tejido adiposo o de la médula espinal.

Para que entiendas fácilmente cuál es la importancia de estas células, te diré que son las únicas con el potencial de convertirse en células de diferentes tejidos. De aquí viene el término *pluripotenciales* (o *pluripotentes*). Son células que aún no han decidido en qué tejido van a convertirse.

Como los tejidos forman parte de los órganos, las células madre, una vez se diferencian, son las responsables de reproducir la totalidad o una parte de casi todos los tejidos y órganos. Todo ello nos está llevando a una nueva era de la medicina que persigue tratar las enfermedades mediante la regeneración de los tejidos biológicos.

Si gracias a la acción de las células madre se van renovando los tejidos de nuestro cuerpo, es lógico que te preguntes cuál es la verdadera edad de tu cuerpo. Citando el titular del artículo publicado por el escritor y periodista británico Nicholas Wade en el *New York Times*[3], basado en los resultados de los estudios del Dr. Jonas Frisén del Karolinska Institutet en Estocolmo, «tu cuerpo es más joven de lo que piensas».

Te describo el estudio de Frisén, para que te ayude a entender la importancia del proceso de regeneración, ya que es uno de los mecanismos que te van a permitir rejuvenecer si mejoras tu estilo de vida.

Frisén publicó su investigación en la revista *Cells*[4], basán-

3   WADE, Nicholas (2005). «Your body is younger than you think». *New York Times*, 2.
4   SPALDING, Kirsty L., *et al.* (2005). «Retrospective birth dating of cells in humans». *Cell*, 122.1: 133-143.

dose en las secuelas de las armas nucleares probadas en la superficie hasta 1963, responsables de haber inyectado carbono radiactivo 14 ($^{14}$C) en la atmósfera. Este isótopo presente en el aire fue absorbido por las plantas, pasando posteriormente al ADN de los animales y de las personas al consumirlas. Debes saber que la mayoría de las moléculas de una célula se reemplazan constantemente, pero el ADN no, por lo que todo el $^{14}$C del ADN de una célula se adquiere en su fecha de nacimiento.

Frisén determinó la edad de las diferentes células según la presencia de $^{14}$C en su ADN, y observó que casi todo el cuerpo de una persona adulta tiene en realidad unos diez años de edad, o incluso menos, en virtud del constante proceso de renovación que va experimentando con el paso del tiempo.

Como puedes ver, es increíble y espectacular el diseño de nuestro cuerpo. Y reconoce que, para los pocos problemas que nos da, no le dedicamos la atención que se merece.

Cada tejido tiene su propio tiempo de renovación, según el desgaste al que están sometidas sus células. Si es mayor el desgaste, se regeneran o recambian antes.

A pesar de las pequeñas discrepancias entre los diferentes estudios sobre la vida media de las células de los órganos y tejidos de nuestro cuerpo, podemos afirmar que la vida media de las células que recubren el interior del intestino o del estómago es de tan solo cinco días, debido a las condiciones a las que están sometidas. Las células de la piel se renuevan cada dos semanas aproximadamente debido a las agresiones diarias que sufren. Las células del hígado se recambian entre seis meses y doce meses. Las células de la sangre, dependiendo del tipo al que pertenecen, pueden vivir horas, meses o años. Las células de los alveolos pulmonares se renuevan cada ocho días aproximadamente, lo que es importante para los fumadores o exfumadores, y las células musculares se renuevan cada quince días. Por último, las células responsables del mantenimiento de la estructura ósea (osteoblastos y osteoclastos) llevan a cabo la renovación de un 10 % de los huesos cada año, por lo que podríamos afirmar que en diez años tenemos un esqueleto nuevo.

Actualmente, las únicas partes del cuerpo que aún crean controversia sobre si se regeneran o no son las neuronas, las células del cristalino del ojo y quizás también las células musculares del corazón.

Frisén, al estudiar la presencia del $^{14}C$ en las células del cristalino, observó que su edad se correspondía siempre con la edad cronológica del individuo, por lo que estas no se habían renovado. Este envejecimiento del cristalino explicaría por qué es una de las partes del ojo que se deteriora a una edad temprana, ya que a partir de los 40 o 45 años va perdiendo elasticidad, provocando la disminución de la visión cercana, lo que conocemos por presbicia o vista cansada.

La neurogénesis cerebral, que es como se conoce la regeneración de las células cerebrales, fue descrita por primera vez por Joseph Altman en el año 1962 en la revista *Science*[5]. Estudios posteriores, como el publicado en la revista *Cell*[6] por Frisén, corroboran la existencia de este fenómeno de regeneración, aunque tan solo en una parte del cerebro adulto. Estos estudios se contradicen con el de Sorrells, publicado en la revista *Nature*[7], que pone en duda la existencia de la neurogénesis cerebral al afirmar que las últi-

---

5    ALTMAN, Joseph (1962). «Are new neurons formed in the brains of adult mammals?». *Science*, 135.3509: 1127-1128.

6    ERNST, Aurélie, *et al.* (2014). «Neurogenesis in the striatum of the adult human brain». *Cell*, 156.5: 1072-1083.

7    SORRELLS, Shawn F., *et al.* (2018). «Human hippocampal neurogenesis drops sharply in children to undetectable levels in adults». *Nature*, 555.7696: 377-381.

mas células nerviosas formadas en el cerebro se producen en la niñez.

A pesar de que hoy en día desconocemos cuál de las dos teorías está en lo cierto, lo que nadie pone en duda es la gran capacidad que tiene el cerebro de formar conexiones nuevas ante nuevos retos, lo que conocemos como neuroplasticidad cerebral, que es la que nos permite potenciar en gran medida nuestras capacidades.

Aunque queda mucho camino por recorrer, sobre lo que no hay dudas es acerca del enorme potencial de regeneración que ofrecen las células madre, que con el tiempo podrían llegar a ser la fuente de curación de cualquier enfermedad e incluso podrían permitir la reconstrucción de órganos y tejidos.

Tu cuerpo se renueva cada diez años, por lo que no se corresponde con la edad que refleja tu DNI, sino que es mucho más joven de lo que piensas, como describe el *New York Times*.

Ahora que conoces la capacidad de tu cuerpo para renovarse, te preguntarás por qué no permanece perpetuamente joven. La respuesta te la daré más adelante, cuando te hable de los mecanismos del envejecimiento. En este momento, lo que no puedes olvidar es que tu estado de salud se corresponde más con tu estilo de vida que con tu edad. Son tus hábitos y tu forma de vivir los que actúan directamente sobre los diferentes órganos y sistemas, ayudando en sus funciones o interfiriendo en ellas.

Te cito un ejemplo que te ayudará a entenderlo, si es que aún te queda alguna duda. Peter Campbell, investigador del Wellcome Sanger Institute, ha publicado en enero de 2020 un artículo en la revista *Nature*[8] sobre los cambios

---

8    Yoshida, Kenichi, *et al.* (2020). «Tobacco smoking and somatic mutations in human bronchial epithelium». *Nature*, 578.7794: 266-272.

celulares que ocasiona el tabaco en el epitelio bronquial. Campbell asegura que la gente que lleva fumando más de 30 años y que cree que es demasiado tarde para dejar de fumar se equivoca, ya que en su estudio demuestra la capacidad que presenta el pulmón, como otras partes del cuerpo, para recuperarse y regenerarse a cualquier edad.

Has aprendido que los conceptos *envejecer* y *enfermedad* no son lo mismo, y que, debido a la regeneración celular, la edad de tu cuerpo no se corresponde con la tuya, lo que ya nos explica por qué tu edad cronológica no tiene por qué corresponderse con tu edad biológica. Te demostraré a lo largo del libro que tan solo cambiando tus hábitos y tu estilo de vida puedes mejorar tu salud y revertir tu edad biológica o enlentecer el envejecimiento.

Tu edad, la llamada «edad cronológica», se corresponde con un proceso físico inmutable, fijo en el tiempo, como son los días, meses o años que han pasado desde tu fecha de nacimiento hasta hoy. Si tomamos esta edad oficial, la que consta en tu carné de identidad, como referencia para situarte en el grupo de la madurez o de la vejez, te darás cuenta de que estamos utilizando una referencia completamente arbitraria: basta con comparar tu estado de salud físico y mental, incluso tu aspecto, con el que tenían tus antepasados hace cien años.

Coincidirás conmigo en que a los sesenta o setenta años no estaban ni se sentían igual que tú: eran más viejos. Si comparas la esperanza de vida y la edad cronológica a través de las décadas, verás que ha cambiado mucho, ya que hoy en día gozamos de mayor salud y de una mayor longevidad.

Vamos a analizar qué ha sucedido en este tiempo. Los minutos, las horas, los días, las semanas, los meses y los años no han cambiado, ya que la Tierra sigue necesitando 24 horas para dar la vuelta completa alrededor de su eje, lo que nos indica que la variable somos nosotros, nuestra biología y nuestra fisiología.

No podemos utilizar nuestra edad cronológica si con ella nos referimos o queremos describir nuestra salud, nuestro grado de madurez, nuestro grado de envejecimiento o nuestras capacidades físicas o mentales, ya que, como hemos visto, el segundo como unidad de tiempo en el Sistema Internacional no ha cambiado, pero nuestro cuerpo, con los mismos años, sí que presenta una mayor o menor edad. Tras este razonamiento, entenderás que envejecer no es cumplir años, e insisto que ello depende en gran parte de ti.

Tu edad de verdad es la denominada «edad biológica». Esta es el resultado de los procesos biológicos responsables de tu estado de salud y no salud, tanto física como mental. La definición puede ser un poco confusa, pero terminarás entendiendo perfectamente a qué me refiero y cómo interactuar sobre ella. Tu edad biológica es la edad en la que tu cuerpo funciona en comparación con los niveles promedio de salud y de condición física y mental del resto de la población.

La edad biológica, también conocida como «edad fenotípica», la podemos conocer analizando una serie de marcadores, como veremos más adelante, y se corresponde con tu verdadera edad, siendo la responsable de tu calidad de vida.

Ahora que ya conoces que tu edad real no tiene por qué corresponderse con la de tu carné de identidad y que no todos los que nacimos el mismo año somos igual de jóvenes o igual de viejos, debes aceptar que tú eres el único responsable de tu estado y el único que puede decidir cómo estarás en un futuro. Tu edad cronológica no puedes cambiarla, y ojalá puedas seguir cumpliendo muchos años, pero sí que puedes actuar, y mucho, sobre tu edad biológica. Está en tus manos, según cómo cuides tu cuerpo a nivel físico, emocional e intelectual, envejecer o rejuvenecer; para ello, tan solo debes cambiar una serie de hábitos variando tu estilo de vida.

Es lógico que la tasa de mortalidad se incremente a medida que aumenta la edad cronológica, pero sobre la base de que la verdadera edad es la biológica y no la cronológica, te puedo asegurar que las personas con una edad biológica inferior a la edad cronológica presentan menor riesgo de mortalidad, así como de sufrir enfermedades relacionadas con la edad.

David Sinclair, profesor del Departamento de Genética de la Facultad de Medicina de Harvard y codirector del Centro Paul F. Glenn para el estudio de los mecanismos biológicos del envejecimiento, hace una descripción, que comparto plenamente, sobre los mecanismos del envejecimiento y cómo disminuir sus efectos. Según Sinclair,

> ... todos envejecemos a distintos ritmos según nuestros genes, lo que comemos, cuánto nos ejercitamos y a qué toxinas ambientales estamos expuestos. La edad biológica es la que determina nuestra salud y, en última instancia, nuestra esperanza de vida. La edad biológica es el número de velas que deberíamos apagar. En el futuro, con los avances para controlar la edad biológica, tal vez tengamos menos velas en el pastel que en el año anterior.

Ahora me entiendes cuando te digo que tu edad biológica está en tus manos, que puedes rejuvenecer, y más ahora que dispondrás de tiempo y eres libre de escoger cómo quieres vivir y qué sentido quieres darle a tu vida.

El estudio de referencia respecto a las diferencias entre «edad biológica» y «edad cronológica» fue publicado por Daniel Belsky en la revista *Proceedings of the National Academy of Sciences*[9]. Belsky evaluó 18 marcadores biológicos en 954

---

9    BELSKY, Daniel W., *et al.* (2015). «Quantification of biological aging in young adults». *Proceedings of the National Academy of Sciences*, 112.30: E4104-E4110.

adultos jóvenes nacidos entre 1972 y 1973, en Dunedin (Nueva Zelanda), a los 26, 32 y 38 años. La edad biológica que presentaban, según el nivel de sus marcadores biológicos, tras los 12 años que duró el estudio, indicaba que, aunque todos tenían la misma edad cronológica (38), su edad biológica oscilaba entre menos de 30 y más de 60 años.

A los individuos con una edad biológica mayor que su edad cronológica se les realizaron otras pruebas, habituales en personas de edad avanzada para valorar su grado de deterioro, lo que permitió una segunda evaluación del grado de envejecimiento. Tras valorar su equilibrio, coordinación y capacidades cognitivas, Belsky observó que los resultados se correspondían también con individuos de una mayor edad cronológica. El estudio de Belsky no está concluido, ya que está previsto volver a examinarlos a los 45 años de edad y así poder determinar, con mayor exactitud, en qué medida influyen tanto el estilo de vida como los factores ambientales en el proceso de envejecimiento.

Para terminar, quiero referirme al término *juvenescence*, descrito por Robert Pogue[10], profesor de Literatura en la Universidad de Stanford. Pogue define *juvenescencia* como «esta nueva etapa en la que no seremos viejos más tiempo, sino que seremos jóvenes más años».

---

10 HARRISON, Robert Pogue (2014). *Juvenescence: A cultural history of our age*. University of Chicago Press.

✓ *En lugar de preocuparte por tu salud, ocúpate de ella, ya que tienes mucho que ganar y nada que perder.*

✓ *No relaciones el envejecimiento con la enfermedad: son procesos distintos, por lo que de ti depende cómo quieras envejecer.*

✓ *Piensa que tu cuerpo puede ser mucho más joven de lo que piensas, todo depende de cómo lo cuides.*

✓ *Tu estilo de vida y tus hábitos son los máximos responsables de tu estado de salud, más de lo que pueda ser tu edad.*

✓ *Está en tus manos envejecer o rejuvenecer. No olvides que las personas con una edad biológica inferior a la edad cronológica presentan menor riesgo de mortalidad, así como de sufrir enfermedades relacionadas con la edad.*

✓ *Si mejoras tu estilo de vida, no serás viejo más tiempo, sino que serás joven más años.*

# Por qué envejecemos

«La edad es algo que no importa, a menos
que usted sea un queso».

Luis Buñuel

La psicóloga colombiana Elisa Dulcey-Ruiz, autora del libro
*Envejecimiento y vejez. Categorías y conceptos*, en un artículo
en la revista *Corporación para Investigaciones Biológicas*[11], describe el envejecimiento como «un fenómeno presente a lo
largo del ciclo vital desde el mismo proceso de la concepción hasta la muerte». La OMS lo explica también como el

... proceso fisiológico que comienza en la concepción
y ocasiona cambios en las características de las especies
durante todo el ciclo de la vida; esos cambios producen una
limitación de la adaptabilidad del organismo en relación con
el medio.

Según estas dos publicaciones, el proceso de envejecimiento no empieza a partir de cierta edad, sino que se

---

11   Dulcey-Ruiz, Elisa (2006). «Psicología del envejecimiento». *Geriatría Fundamentos de Medicina*. Medellín: Corporación para Investigaciones Biológicas CIB: 64-8.

inicia antes de nacer. Como dijo el poeta francés del siglo XIX Théophile Gautier, «nacer es únicamente comenzar a morir».

Otros autores, como Ruiz-Torres[12], se basan en el nivel de los marcadores biológicos, por lo que afirman que empezamos a envejecer a partir del cese del crecimiento, sobre los 30 años, cuando el organismo ya ha alcanzado la optimización biológica.

Recuerda que tu verdadera edad es tu edad biológica, que es la que indica tu grado de envejecimiento, siendo este diferente entre personas con la misma edad cronológica, y lo más importante, que se puede revertir. Dicho de otra manera, tengas la edad que tengas, puedes rejuvenecer.

Ahora que ya tenemos claro que la mayoría de los estudios parten de la premisa de que el envejecimiento empieza desde la concepción, es decir, antes de nacer, y que este proceso difiere de unos a otros, vamos a analizar las causas que lo pueden favorecer o enlentecer y cómo podemos actuar sobre él.

María Blasco, doctora en Biología Molecular y directora del Centro Nacional de Investigaciones Oncológicas (CNIO), junto con la periodista científica Mónica Salomone, describen en su libro *Morir joven a los 140*[13] que nuestra edad biológica depende tan solo en un 20 % de nuestra predisposición o carga genética. Ello implica que el otro 80 % no está predeterminado, por lo que nuestros hábitos y nuestro estilo de vida serán los responsables de marcar la velocidad a la que envejecemos. No lo olvides: si adoptas un estilo de vida más saludable, envejecerás más lentamente.

---

12   RUIZ-TORRES, A. y HOFECKER, G. (2003). «Marcadores biológicos del envejecimiento». *Revista Española de Geriatría y Gerontología*, 38.6: 369-373.
13   BLASCO, María A. y SALOMONE, Mónica G. (2016). *Morir joven, a los 140*. Barcelona: Paidós.

No obstante, no todo depende de tu estilo de vida, ya que, debido a la influencia de este 20 % de nuestra carga genética, existen algunas enfermedades hereditarias que aceleran el proceso del envejecimiento. Entre las más comunes están la diabetes, algunas enfermedades cardiovasculares y algún tipo de cáncer. A pesar de ello, debes saber que el hecho de tener una predisposición genética no implica que tengas que desarrollar la enfermedad. El hecho de que esta carga hereditaria se exprese o no depende de la epigenética.

La epigenética es la responsable de regular cómo y en qué grado se expresarán estos genes, y depende también de tu estilo de vida, tal y como lo describe el oncólogo Manel Esteller en una entrevista al periódico *El País*: «La epigenética es lo que explica la acción del estilo de vida sobre los genes».

Has visto que en los diferentes estudios hay un denominador común que actúa directamente sobre nuestra salud, nuestra edad biológica y la velocidad a la que envejecemos, y es nuestro estilo de vida. Si mejoras tu estilo de vida y tus hábitos, puedes mejorar tu salud, envejecer más lentamente e incluso rejuvenecer.

Antes de pasar a analizar cómo podemos enlentecer o revertir nuestra edad cronológica, es importante que conozcas, aunque sea tan solo someramente, cuáles son los principales mecanismos responsables del envejecimiento.

Empiezo por recordarte que empezamos a envejecer desde que nacemos, por lo que, a lo largo de los años, aparece un desequilibrio entre las células perdidas y la regeneración de los tejidos, lo que explica el fenómeno del envejecimiento.

Aunque te parezca extraño, el estudio de los cambios moleculares que ocurren durante el envejecimiento no se llevó a cabo de forma sistemática hasta estas últimas décadas, debido a que, hasta entonces, se consideraba el envejecimiento como un proceso natural e irreversible ante el que no se podía actuar.

Los diferentes estudios sobre el envejecimiento y la medicina *antiaging* describen tres procesos como principales responsables de las alteraciones o modificaciones que inducen al envejecimiento: la oxidación celular, el acortamiento gradual de los telómeros y, por último, el descenso de la capacidad de regeneración celular.

Uno de los primeros artículos que estudiaban las causas del envejecimiento celular fue publicado por Harraan en la revista *The Journals of Gerontology*[14]. Este artículo, que sigue siendo un referente en la literatura científica sobre el envejecimiento, ya responsabilizaba del envejecimiento celular al acúmulo de radicales libres debidos a la oxidación celular, demostrando que la principal causa de ello es la aceleración o disfunción del metabolismo celular.

Otras causas, aparte de la edad, que pueden favorecer esta acumulación de radicales libres son las enfermedades de carácter crónico, como la obesidad o la diabetes; las situaciones de estrés continuado; la contaminación ambiental; las radiaciones, y los agentes químicos o infecciosos. De aquí viene la importancia de cuidar la salud, evitando en lo posible exponerse a estas situaciones e incorporar la presencia de antioxidantes en la dieta.

En el año 1968, Hayflick[15] publicó un artículo en el que responsabilizaba del envejecimiento al acortamiento gradual de los telómeros. Los telómeros son los extremos que poseen los cromosomas. Estos van perdiendo longitud cada vez que una célula se divide, por lo que la cantidad de veces que las células humanas pueden dividirse es limitada.

---

14   HARRAAN, Denham (1955). «Aging: a theory based on free radical and radiation chemistry». *Journal of Gerontology*, vol. 11.
15   HAYFLICK, Leonard (1968). «Human cells and aging». *Scientific American*, 218.3: 32-37.

Según propone Hayflick, cada célula se divide unas 40 o 50 veces antes de entrar en senescencia y morir. Es lo que se conoce como «límite de Hayflick».

Estudios posteriores han demostrado la existencia de una enzima, la telomerasa, cuya función es la de reparar los telómeros, y aunque todos tenemos el gen que la produce, esta solo está activa durante el desarrollo embrionario, dejando de actuar a los pocos días de nacer. Un grupo de investigadores del Centro Nacional de Investigaciones Oncológicas (CNIO), liderados por María Blasco[16], publicaron un estudio en el que demuestran en ratones la eficacia de la terapia con telomerasa para el tratamiento de enfermedades causadas por el acortamiento excesivo de los telómeros, así como para las enfermedades relacionadas con el envejecimiento.

Por último, Ruzankina y Brown[17] proponen que el envejecimiento y el descenso de la capacidad de regeneración de las células sería debido a un agotamiento de las células troncales o células madre. Como ya hemos visto, la función de estas células madre es la de dar lugar a nuevas células hijas que permitan mantener la funcionalidad óptima de todos los órganos y tejidos del cuerpo. A medida que va descendiendo la capacidad de regeneración de estas células, se va produciendo un declive generalizado en las funciones de los órganos y los tejidos. Por lo tanto, podemos asegurar que un organismo vivo es tan viejo como lo son sus células madre.

Los estudios sobre la biología del envejecimiento han

16  MUÑOZ-LORENTE, Miguel A., *et al.* (2018). «AAV9-mediated telomerase activation does not accelerate tumorigenesis in the context of oncogenic K-Ras-induced lung cancer». *PLOS GENETICS*, 14.8.
17  RUZANKINA, Y. y BROWN, E. J. (2007). «Relationships between stem cell exhaustion, tumour suppression and ageing». *British journal of cancer*, 97.9: 1189-1193.

aumentado significativamente en los últimos años, aunque queda por resolver cómo aplicar estos avances en la mejora de la calidad de vida. Hoy en día, hay mucha información sobre los alimentos con propiedades antioxidantes, incluso los suplementos especializados. También se está avanzando mucho en el campo de la investigación de las células madre, habiéndose logrado diferenciar, a partir de estas, diferentes tejidos en laboratorio. También son muy prometedores los estudios experimentales sobre la activación de la telomerasa. Todas estas investigaciones están enfocadas en disminuir las enfermedades y, directa o indirectamente, en frenar en parte el envejecimiento, lo que mejorará la longevidad y la calidad de vida de la población.

Mientras la ciencia va avanzando, tú puedes hacer mucho para mejorar tu edad biológica. Es el momento de cambiar o mejorar todos aquellos hábitos poco saludables que has ido acumulando a lo largo de los años, debido al ritmo de vida que has llevado, y que son los responsables, en buena parte, del envejecimiento de tu cuerpo.

Recuerda que tu salud depende, como máximo, en un 20 % de tu genética, mientras que tu estilo de vida es el responsable del 80 % restante, por lo que tu bienestar futuro depende en gran parte de ti.

Aunque no puedas revertir tu edad cronológica, sí que puedes revertir los indicadores de tu edad biológica, y ello tan solo depende de cómo cuides tu cuerpo, a nivel físico, emocional e intelectual.

✓ *Tu objetivo prioritario no debe ser vivir muchos años, sino vivirlos con buena salud, y más cuando las estadísticas nos indican que las personas que viven muchos años gozan de buena salud hasta su muerte.*

✓ *Recuerda que todos los estudios responsabilizan a tu estilo de vida de tu envejecimiento, tu salud y tu calidad de vida.*

✓ *Tu edad biológica depende tan solo en un 20 % de tu predisposición o carga genética.*

✓ *Mientras la ciencia va avanzando, tú ya puedes hacer mucho para mejorar tu edad biológica.*

# Conoce tu edad biológica

«No dejamos de jugar porque envejecemos.
Envejecemos porque dejamos de jugar».

George Bernard Shaw

Aceptando que empezamos a envejecer desde que nacemos, entenderás que el proceso de envejecimiento es lento,
silencioso y progresivo, que se manifiesta a través de una
serie de síntomas y signos que pueden ser medidos. Tu edad
biológica, la verdadera edad de tu cuerpo, o si lo prefieres,
tu grado de envejecimiento, se puede conocer midiendo
estos signos o síntomas a los que llamamos «marcadores
biológicos».

Barker y Sprott[18] definieron el concepto de «marcador
biológico específico para medir el envejecimiento» como un

... parámetro biológico de un organismo, que en un análisis individual, o bien en combinación con otros parámetros,
permite en ausencia de enfermedad estimar la capacidad
funcional de un organismo a más largo plazo que su edad
cronológica.

---

18   BAKER III, George T. y SPROTT, Richard L. (1988). «Biomarkers of
     aging». *Experimental gerontology*, 23.4-5: 223-239.

Con ello quieren indicar que se deben analizar especialmente los parámetros que se modifican con la edad y que nos van a permitir evaluar la progresión del envejecimiento en individuos o en poblaciones.

Aunque te esté hablando de *envejecimiento*, olvida la connotación negativa de la palabra, ya que me refiero a cómo reacciona nuestro cuerpo con el paso de los años. Al entender y conocer los mecanismos que dan lugar a este proceso, es cuando la ciencia afirma que tenemos la posibilidad de enlentecerlo o revertirlo, de rejuvenecer respecto a nuestra edad cronológica. Recuerda que solo el 20 % depende de tus genes, el resto depende de tu estilo de vida.

Para el estudio de la edad biológica se analizan los niveles de varios biomarcadores; cuantos más, mejor, ya que los resultados obtenidos son mucho más fiables que si la valoramos basándonos en marcadores biológicos aislados. Los niveles de los biomarcadores son procesados mediante un estudio estadístico, utilizando diferentes algoritmos, según las diferentes investigaciones y biomarcadores, y los resultados son comparados con los de la población de su misma edad cronológica, obteniendo así la edad biológica del individuo.

Entre los marcadores biológicos utilizados habitualmente, están la tensión arterial, la cantidad de grasa corporal, los umbrales auditivos y visuales, el espesor de la piel, el estado de las encías, la capacidad para regular la temperatura, la capacidad aeróbica, la tasa metabólica, los niveles hormonales, la respuesta inmunológica, la densidad ósea, los niveles de colesterol, la tolerancia a la glucemia o la presencia de fenómenos inflamatorios.

El estado físico de una persona como el rendimiento físico y la valoración de la fuerza muscular a la presión con la mano o la extensión de rodilla también forma parte del grupo de biomarcadores habituales. Por último, existen otras pruebas que también nos permiten valorar la edad biológica de un individuo según sea su rendimiento intelectual, y sus capacidades cognitivas mediante test y exámenes neuropsicológicos, así como los estudios de las imágenes obtenidas por resonancia magnética cerebral.

En los últimos años se están desarrollando investigaciones más específicas para el estudio de la edad biológica, pero su coste y su especificidad no permiten estandarizarlos. Entre ellos podemos destacar el análisis de la integridad del ADN, la medición de la longitud de los telómeros, las pruebas que determinan el grado de estrés oxidativo o de exceso de radicales libres en el organismo o el análisis del nivel de unas proteínas determinadas.

Benoit Lehallier y colaboradores, en un artículo publicado en la revista *Nature Medicine*[19], describen el llamado «reloj proteómico», que podría traducirse como un reloj que marca la edad biológica basándose en el resultado de valorar el nivel de 373 proteínas. El nivel de estas proteínas indicaría tu edad real.

Como ves, para conocer cuál es tu edad biológica no es necesario realizar pruebas cruentas y costosas, ya que la mayoría de marcadores biológicos son fácilmente cuantificables si realizas la consulta con un médico.

Los resultados de un análisis de sangre, junto con el nivel de tu tensión arterial, tus umbrales visuales y auditivos, y la cantidad de grasa corporal que presentas, son algunos de los parámetros que pueden permitir evaluar, de una forma simple, tu edad biológica.

No obstante, como indica el Dr. Nir Barzilai, director del Instituto de Investigación del Envejecimiento Albert Einstein College of Medicine de Nueva York, para ser pre-

---

19    Lehallier, Benoit, *et al.* (2019). «Undulating changes in human plasma proteome profiles across the lifespan». *Nature Medicine*, 25.12: 1843-1850.

cisos a la hora de evaluar la edad biológica de una persona es muy importante contar con la combinación adecuada de biomarcadores para que los expertos detecten un posible deterioro a tiempo.

Todos los estudios van encaminados a estandarizar estas pruebas y así poder aumentar su fiabilidad, permitiéndonos conocer fácilmente la edad biológica y el grado de envejecimiento de una persona, lo que facilitaría un diagnóstico precoz de algunas patologías degenerativas y la posibilidad de realizar tratamientos en las primeras fases de las mismas.

Aunque por definición la cuantificación de los marcadores biológicos debe ser objetiva y no estar sujeta a estimaciones subjetivas, son varios los estudios que relacionan el aspecto físico de una persona con su edad biológica, por lo que nuestro aspecto físico, objetiva y subjetivamente, ya nos proporciona información de cuál es nuestra edad biológica.

Belsky, en el artículo ya citado sobre la cuantificación del envejecimiento en adultos jóvenes, propuso a sus alumnos de la Universidad de Duke que identificaran, tras analizar una fotografía frontal de la cara, a los individuos del estudio cuya edad biológica no se correspondía con la cronológica. El resultado obtenido fue que detectaron fácilmente los que presentaban una edad biológica superior a su edad cronológica, llevándolo a afirmar que la edad también puede medirse desde el exterior.

Posteriormente, Jing-Dong J.[20] realizó un análisis morfológico de los rostros de 322 ciudadanos chinos, con edades comprendidas entre 17 y 77 años, generando mapas en 3D, para así poder identificar qué rasgos faciales cuantificables eran los que le podían permitir determinar la edad biológica. Tras el estudio, detectó que la separación entre la boca

---

20   CHEN, Weiyang, *et al.* (2015). «Three-dimensional human facial morphologies as robust aging markers». *Cell research*, 25.5: 574-587.

y la nariz va aumentando a medida que la persona envejece y que los bordes de los ojos van cayendo con la edad.

Al comparar los resultados del análisis facial con los resultados del análisis de los biomarcadores, comprobó que las personas menores de 40 años pueden tener una edad fisiológica seis años mayor o menor que la cronológica, siendo esta diferencia todavía más acusada cuanto mayor es la edad.

Son varios los estudios que se están publicando bajo la misma hipótesis de trabajo, donde se analizan diferentes parámetros morfológicos faciales con la finalidad de evaluar la edad biológica de las personas. Estos resultados explican la sensación que tienes cuando te encuentras a un conocido que hace tiempo que no veías, y la primera impresión que sientes es que está más avejentado o más joven de lo que le correspondería por su edad cronológica.

Como dijo Cicerón, «la cara es el espejo del alma». Por este motivo, es lógico pensar también que, cuanto mejor funciona nuestro cuerpo, más jóvenes nos sentimos.

---

✓ *Puedes conocer cuál es tu edad biológica, tu edad real, midiendo tus marcadores biológicos.*

✓ *La mayoría de marcadores biológicos son fácilmente cuantificables si realizas la consulta con un médico.*

✓ *Puedes mejorar el nivel de tus marcadores biológicos mejorando tu estilo de vida.*

✓ *«La cara es el espejo del alma». Cuanto mejor funciona tu cuerpo, más joven te vas a ver y sentir.*

# Rejuvenece.
# Cómo revertir tu edad biológica

> «La conducta y comportamiento puede aumentar
> hasta en 15 años la esperanza de vida».
>
> Dr. Kaare Christensen

Llegado a este punto ya has aprendido que está en tus manos actuar para enlentecer o incluso revertir tu edad biológica, y que ello depende en gran parte de tu estilo de vida. Con la lectura de este libro pretendo hacerte reflexionar sobre los beneficios que puedes obtener al cambiar aquellos hábitos que nada te aportan, y modificar también tu forma de ver y encarar la vida. Si lo haces, seguro que mejorarás tu salud y tu edad biológica, a la vez que lo hará tu calidad de vida.

Cuando te hablo de «estilo de vida», me estoy refiriendo a tu alimentación, a que realices ejercicio físico de forma continuada, a que tengas al menos un propósito que te haga fluir, a que disfrutes de relaciones sociales de calidad, a que tengas una actitud positiva frente a la vida, a que aprendas a disfrutar de un enlentecimiento en tu día a día y a, no menos importante, que sepas gestionar tu economía. En general, un estilo de vida que tú vas a personalizar según tu criterio, creando tu *life motiv* o motivo de vida.

Hasta ahora, como ya te he comentado, no has tenido más opciones que luchar para cumplir una serie de objetivos que estaban escritos y que debías llevar a cabo. Pero, como sabes, ahora ha cambiado: aspiras a no tener más obligaciones de las necesarias y a ser dueño de tu tiempo para poder disfrutar de la suficiente paz y serenidad que te permitan pensar sobre el sentido que quieres darle a esta nueva etapa de tu vida. Entrevés que se avecina algo diferente y, con ello, la necesidad de realizar un cambio, aunque tengas dudas de si serás capaz de llevarlo a cabo.

Eres consciente de tu edad y de tu estado actual, por lo que seguramente no necesitas que nadie te indique si tu edad biológica está por encima, por debajo, o se corresponde con tu edad cronológica. Este conocimiento de tu grado de envejecimiento, respecto al que se correspondería con tu edad cronológica, se conoce como «edad subjetiva». La edad subjetiva es la que sentimos la mayor parte del tiempo y se explica porque intuyes cuál es tu capacidad física, agudeza mental y estabilidad emocional en este momento.

Un artículo del Dr. Yoosik Youm[21], publicado en la revista *Frontiers in aging neuroscience,* demostró que las personas que se sienten y se ven más jóvenes presentan una edad biológica menor que la cronológica. Basándose en el hecho de que, a medida que envejecemos, se produce un adelgazamiento de la corteza cerebral, Youm analizó las imágenes del cerebro, obtenidas mediante resonancia magnética funcional, de los integrantes del estudio, y comprobó que los que se sentían más jóvenes presentaban un mayor grosor en su córtex cerebral.

---

21  Kwak, Seyul, *et al.* (2018). «Feeling how old i am: subjective age is associated with estimated brain age». *Frontiers in aging neuroscience* 10: 168.

Tal y como ya te he comentado, los estudios sobre la biología del envejecimiento han aumentado significativamente en los últimos años: solo tienes que revisar las publicaciones que aparecen cada año, en las que se presentan nuevos marcadores biológicos o el inicio de terapias que permiten revertir el proceso del envejecimiento.

Mi intención no es aconsejarte tratamientos novedosos para rejuvenecer y hacer que te sientas mejor; lo que te propongo, y así lo haré a lo largo del libro, es aplicar el sentido común a tu día a día, recordándote de dónde venimos y los buenos hábitos que hemos ido perdiendo por el camino, por lo que te darás cuenta de que, simplificando y volviendo a los orígenes, puedes obtener unos resultados tan beneficiosos para tu salud física y emocional que pueden llegar a superar tus expectativas.

Lo que te planteo, y así lo he hecho durante mi etapa docente en la universidad con mis alumnos, es que abordes y analices los diferentes temas del libro desde la simplicidad. Que seas capaz de reconocer lo que es importante para ti, en esta etapa que ahora comienza, y que decidas, según tu criterio, lo que debes hacer para alcanzar tus objetivos. Ya te he advertido que no voy a imponerte lo que debes hacer, tan solo iremos considerando juntos las posibilidades que se te presentan en este momento de tu vida, siempre sobre una base científica, para que te ayude a descubrir lo que para ti es importante y que no es tan difícil conseguirlo.

Como médico, debo empezar por lo obvio: lo que indican todos los protocolos clínicos. Recuerda que empezamos a envejecer desde que nacemos o, según otros autores, desde que cesa nuestro crecimiento, por lo que es importante que realices chequeos periódicos de control para valorar el estado de tus marcadores biológicos, que son los que indicarán cuál es tu estado de salud actual.

Ahora que te sientes joven y con fuerzas para adoptar un nuevo estilo de vida, es el momento de que seas consciente de cuál es tu edad biológica y que ello te motive para adoptar nuevos hábitos en bien de tu salud. Si lo haces así, lo agradecerás con los años.

Muchas veces me he preguntado hasta qué punto, con la edad, las personas van perdiendo capacidades o si es la sociedad la que las va incapacitando. Evidentemente, hay una corresponsabilidad, siendo ambos responsables, pero ¿quién fue primero, el huevo o la gallina? Estoy convencido de que la sociedad, las creencias y las pautas sociales pueden ser, y de hecho la mayoría de las veces lo son, mucho más limitantes que la propia biología. Tu calidad de vida depende en gran parte de lo capaz que te sientas para afrontar los retos que se te presenten o quieras abordar y obviar muchos de los tópicos relacionados con la edad.

Jennifer Bellingtier[22], profesora del Departamento de Psicología en la North Carolina State University, describe cómo la edad subjetiva que sienten los adultos mayores cambia a diario, dependiendo de lo independientes que se sientan durante aquel día. Según Bellingtier, estos se sienten significativamente más jóvenes los días en los que son conscientes de que tienen un mayor control de sus vidas y que están menos limitados por la sociedad o el entorno, por lo que podemos afirmar que el hecho de sentirse limitado y dependiente favorece el envejecimiento.

Existen diferencias evidentes respecto a la autonomía que gozan las personas, en favor de los que viven en el campo o en pequeños núcleos de población respecto a los que viven en grandes ciudades. Estas diferencias se corresponden con los resultados de los estudios que analizan las poblaciones más longevas, concluyendo que uno de los factores que favorecen que sus habitantes vivan más años se

---

22   NEUPERT, Shevaun D. y BELLINGTIER, Jennifer A. (2017). «Aging attitudes and daily awareness of age-related change interact to predict negative affect». *The Gerontologist*, 57.suppl_2: S187-S192.

debe a que gozan de libertad y autonomía hasta edades muy avanzadas.

Estarás de acuerdo conmigo en que, cuando te sientes bien, eres capaz de poner en marcha cualquier iniciativa que se te presente, lo que te hace sentir mejor. Para sentirte bien a nivel físico, no debes olvidar que estamos diseñados para movernos, y que los cambios sociales acaecidos a partir del siglo XX han favorecido todo lo contrario, el sedentarismo en el trabajo, en el ocio y en el transporte.

Actualmente, valoramos el hecho de movernos como un *hobby* o como una actividad a la que debemos dedicarle un tiempo determinado a la semana, ya sea en la calle o en el gimnasio. Lo que debería de ser normal lo hemos llegado a adulterar hasta el punto de que va ligado a las tendencias y al consumo.

Está demostrado científicamente que el ejercicio moderado alarga la vida. A medida que cumples años, la sociedad y tu entorno familiar tienen tendencia a limitar tu libertad de movimiento, basándose en un excesivo deseo de protección. Otras veces somos nosotros mismos los que creemos que no tenemos edad para realizar según qué actividades. Todo lo contrario: la forma más fácil para envejecer rápidamente, perder tu autonomía y calidad de vida es evitar realizar un ejercicio moderado constante, tengas la edad que tengas. Si no ejercitas una parte de tu organismo, este se atrofia.

Este proceso de atrofia tiende a aumentar con la edad, ya que con los años se pierde de forma más fácil la masa muscular. En los capítulos referentes al ejercicio físico, analizaré el porqué de algunas actividades que te aconsejo realizar, desde la marcha nórdica, la natación, incluso el baile, hasta el *tai chi chuan* o el yoga, explicándote los beneficios que te pueden aportar.

Si cuidas tu cuerpo, mejorarás ostensiblemente tu salud en general, tanto a nivel físico como mental, previniendo la mayoría de enfermedades degenerativas y crónicas propias de la edad, a la vez que te sentirás mejor, ya que se segregan, entre otras substancias, endorfinas y opioides endógenos. Todo ello te proporcionará mayor autonomía y capacidad para llevar a cabo aquellas tareas o proyectos que te propongas, lo que redundará en una mejor calidad de vida.

Debes ser consciente del tipo de alimentación que has llevado hasta ahora y simplificar. No te compliques la vida, no necesitas dietas, utiliza el sentido común y vuelve a tus orígenes. Debes saber que tan importante es la calidad como la cantidad de lo que comes y que, con una alimentación adecuada, podrás normalizar muchos de tus marcadores biológicos. Recuerda que tienes la suerte de vivir en un entorno donde, por tradición, es fácil llevar una dieta sana, como es la llamada dieta mediterránea, y que tenemos la suerte de que las grandes superficies aún no han podido acabar con los mercados de proximidad.

Debes tener siempre un propósito en la vida. Está demostrado que tener uno o varios propósitos en la vida te ayuda a vivir más años y te rejuvenece, y, aunque te parezca difícil de creer, los que no lo tienen mueren prematuramente.

En 1995, la Fundación John D. y Catherine T. MacArthur empezó un estudio para analizar por qué un sector de la población experimenta mejor salud y mayor bienestar que otro. El estudio se realizó encuestando a más de 7000 estadounidenses de entre 25 y 74 años, pidiéndoles información detallada sobre su trabajo y su vida familiar, así como sus puntos de vista sobre ellos mismos y sus preocupaciones. En este estudio, conocido como MIDUS, participaron diferentes especialistas del campo de las ciencias de la salud, psicólogos, sociólogos, epidemiólogos, demógrafos, antropólogos, médicos y responsables de políticas sanitarias. Su objetivo fue recabar los datos suficientes que les permitieran investigar el papel de los factores conductuales, psicológicos y sociales que pudieran explicar las variaciones relacionadas con la edad respecto a la salud y el bienestar. Los datos obtenidos han servido, *a posteriori*, como base para el desarrollo de numerosos estudios como el Hill y Turiano[23].

Los doctores Patrick Hill, de la Universidad Carleton, en Ottawa, y Nicholas Turiano, de la Universidad de Rochester, en Nueva York, examinaron todos los datos recogidos de los participantes en el estudio, durante 14 años, analizando si esas personas sentían o no que tenían un objetivo en la vida, entre otras variables. En el transcurso de estos 14 años del estudio MIDUS, fallecieron 569 participantes, y detectaron que la mayoría de estos sujetos había confesado no tener grandes aspiraciones ni objetivos en la vida, a diferencia de lo declarado por los sobrevivientes.

Este y otros estudios demuestran que tener un objetivo en la vida te protege y es un factor que permite predecir una mayor longevidad. Este objetivo debe consistir en una actividad o actividades que te ilusionen, te motiven y que te hagan fluir, dándole sentido a tu vida. Aprenderás que no se trata de realizar actividades complejas, aunque sí deben representar un reto, pudiendo descubrir, en la actividad más simple, la mayor de las recompensas.

Agradecerás levantarte cada mañana con la ilusión de abordar un reto, que, aunque te pueda resultar difícil, sabes que es asequible y que le está dando sentido a tu vida.

Deja el ritmo de vida al que estabas acostumbrado y céntrate en tu objetivo. Debes saber que la multitarea, el estar siempre conectado, te impide vivir el presente. Sé consciente del momento y adéntrate en la *slow life*.

A mí siempre me ha sido difícil, cuando no imposible, realizar más de una tarea a la vez, y lo tengo asumido, aun-

23 HILL, Patrick L. y TURIANO, Nicholas A. (2014). «Purpose in life as a predictor of mortality across adulthood». *Psychological science*, 25.7: 1482-1486.

que lo percibía como una limitación. Si conduzco con la radio conectada, al llegar al destino no he escuchado nada, y viceversa; si escucho la radio, no tengo claro cuál es el itinerario que he seguido. Imagínate cuál es mi incapacidad si intento estudiar, escribir o leer con música de fondo: soy consciente de que mi cerebro no es multitarea, ya que solo puede prestar atención a un asunto a la vez.

La Dra. Gloria Mark, de la Universidad de California, dirigió un estudio[24] para analizar cómo afectan las interrupciones o realizar varias tareas a la vez a la calidad del trabajo. Al analizar los resultados, detectó que todos los individuos del estudio habían completado las tareas prácticamente en el mismo tiempo y sin diferencias en la calidad. Pero, según describe Mark,

> … nuestros datos sugieren que las personas compensan las interrupciones trabajando más rápido, y que esto tiene un precio: experimentan más estrés, mayor frustración, la presión del tiempo y todo ello requiere un mayor esfuerzo.

También detectó que los trabajadores estudiados necesitaban una media de 25 minutos para recuperar la atención plena en la tarea original, después de haberlos interrumpido.

Este estudio confirma, a pesar de lo que has creído hasta ahora, que el cerebro no es capaz de realizar dos tareas a la vez, ya que en realidad interrumpimos una para hacer otra, y luego volvemos a la anterior, en un proceso conocido como «conmutación de tareas».

La conmutación de tareas es una de las habilidades del cerebro, localizada en el lóbulo prefrontal dorsolateral, que

---

24    MARK, Gloria; GUDITH, Daniela, y KLOCKE, Ulrich (2008). «The cost of interrupted work: more speed and stress». *Proceedings of the SIGCHI conference on Human Factors in Computing Systems.*

no nos sale gratis, ya que consume muchos recursos. Son varios los estudios que demuestran que la multitarea disminuye la capacidad de prestar atención, la concentración, e incluso puede afectar al cerebro disminuyendo la densidad de la materia gris.

Ya no tienes excusas, ha llegado el momento en que no necesitas la multitarea: simplifica, céntrate en tu objetivo, sea cual sea, y dedícate a él, fluye con él y vive el presente.

Aplica la *slow life* a todo, la *slow food*, el *slow thinking*, todo *slow*, lo que no implica ser lento, sino centrarse y disfrutar del proceso. Si lo haces así, disminuirás tus niveles de estrés y disfrutarás más de la vida, lo que tendrá un efecto directo y beneficioso sobre tus marcadores biológicos y tu estado de salud. Aprende a gestionar el pensamiento. Si eres capaz de gestionar correctamente tus pensamientos, serás más feliz, ya que estarás gestionando correctamente tus sentimientos, lo que te ayudará enormemente en esta etapa de tu vida.

La incorporación de nuevos hábitos que te ayuden a centrarte en el presente te ayudará en este proceso de rejuvenecimiento y bienestar. Me refiero, por ejemplo, a practicar técnicas de *mindfulness*, que, al igual que el fluir en una ocupación, está demostrado científicamente que producen cambios beneficiosos a nivel cerebral a la vez que te proporcionan serenidad y paz, lo que te ayudará a potenciar esta etapa de tu vida. Realiza ejercicios de estiramiento y flexibilidad. No solo te ayudarán a identificar aquellas zonas y estados de tensión, sino que mantendrán tu cuerpo joven más tiempo. Todo ello ayudará a mejorar tu calidad de vida.

Por último, para vivir muchos años y con calidad de vida, es importante tener relaciones de calidad, ya sea con la familia, amigos, vecinos, compañeros de aficiones, etc. No creas que es difícil, depende del estilo de vida que adoptes. Debes aprender a sentirte acompañado y a la vez independiente.

Como puedes ver, rejuvenecer no depende de tomar un medicamento para que mejoren tus parámetros biológicos, o de mejorar tu aspecto mediante la cirugía estética, sino que se trata de un cambio interior, desencadenado por la incorporación de nuevos hábitos, lo que te proporcionará tu nuevo estilo de vida. La decisión es tuya, pero no desaproveches esta ocasión que te brinda la vida. Si lo haces bien, seguro que te sentirás más fuerte, más joven, con más ganas de vivir y de emprender nuevos proyectos, sin ser consciente de tu edad cronológica, por lo que vivirás más años con mejor salud y calidad de vida.

✓ *No te limites ni dejes que los demás decidan por ti lo que puedes o no puedes hacer, ya que sus restricciones siempre serán superiores a las de tu propia biología.*

✓ *Lucha por sentirte bien, ya que de esta manera serás capaz de poner en marcha muchas iniciativas que harán que te sientas mejor.*

✓ *Está demostrado que tener uno o varios propósitos en la vida te ayuda a vivir más años y te rejuvenece, y que los que no los tienen mueren prematuramente.*

✓ *No desaproveches esta ocasión que te brinda la vida. Si lo haces bien, seguro que te sentirás más fuerte, más joven, con más ganas de vivir y de emprender nuevos proyectos, sin ser consciente de tu edad cronológica.*

✓ *Recuerda que, por regla general, las personas que viven muchos años gozan de buena salud hasta el final.*

# *Fluir.*
# *Tener un propósito en la vida*

«Una persona sin propósito es como un barco sin timón».

Thomas Carlyle

Una vez más, te recordaré que naciste con una hoja de ruta predeterminada por unas etapas que has ido completando. Hasta ahora siempre has tenido una referencia, social y familiar sobre lo que debías y no debías hacer. Ahora esta situación ha cambiado y debes responsabilizarte de que eres libre de decidir qué quieres hacer.

Llegado este momento, es normal que te entren dudas y sentimientos contradictorios, ya que seguramente el cambio al que te enfrentas te angustia y te preocupa. También es posible que te sientas aliviado, ya que no has sido tú el responsable de haber decidido romper con lo conocido, sino que la edad te ha llevado a ello. Por este motivo te sientes acompañado y comprendido, ya que no eres un caso aislado, sino que nos ocurre a todos.

Esta sensación de alivio puede venir reforzada al sentirte liberado de tus antiguas obligaciones y al ser consciente de que a partir de ahora puedes decidir cómo y en qué quieres emplear tu tiempo, aunque no puedes evitar estar preocupado por si serás capaz de descubrir qué quieres hacer y de si serás capaz de encontrar el sentido que quieres darle a tu vida. Es normal que sufras todos estos sentimientos contradictorios. Recuerda: nadie está suficientemente preparado para salir de su zona de confort.

Uno de los pilares que le dará sentido a esta nueva etapa es que tengas un propósito en la vida, lo que implica que debes seguir ocupado. Hay un proverbio japonés que dice: «Solo en la actividad desearás vivir cien años».

Esta ocupación debe ser algo más, porque ocupado has estado hasta ahora y quizás lo que quieres es descansar y no tener obligaciones. Tienes toda la razón, tu propósito en la vida no puede basarse en la obligación de hacer algo, sino todo lo contrario, nada de obligaciones, ya que todo debe estar basado en el deseo. Debes tener una ocupación que te anime a levantarte cada mañana con la ilusión de que te espera una actividad que te atrae y te aporta algo más que bienestar. Debes convertir tu actividad y tu tiempo libre en un espacio de crecimiento.

Recuerda las veces que has pensado que la vida tenía que ser algo más y que tú podrías estar haciendo otras cosas, o como hemos expresado todos en alguna ocasión, «existen mejores cosas para hacer en la vida». Ahora es tu momento, debes recuperar o descubrir aquella actividad o actividades que amas, que te seducen y que te satisfacen, sin abandonar aquellas que ya conoces y te hacen feliz. Todo ello te ayudará a ir conformando tu propósito en la vida.

En el capítulo dedicado a cómo poder compatibilizar una actividad remunerada y la jubilación, te describo el estudio llevado a cabo por la agencia Metroscopia, en el que el 66 % de los encuestados afirmaba que con los años no se van perdiendo las ganas de hacer cosas, sino que estas aumentan.

Victor Frankl, neurólogo, psiquiatra y filósofo austriaco, sobreviviente del holocausto y autor del *best seller A pesar de todo decir sí a la vida*, escribió en su obra *El hombre en busca de sentido*[25] que «el hombre se autorrealiza en la misma medida en que se compromete con el cumplimiento del sentido de su vida». Este sentido de la vida es el que debes encontrar en aquellas actividades en las que confluyan tu talento y tus habilidades con lo que te apasiona, lo que te motiva y lo que hace que te sientas bien.

Esta o estas actividades que te pueden motivar e ilusionar pueden ser muchas, dependiendo de tus aficiones, de tu trayectoria profesional, de tus conocimientos y habilidades, pero te puedo asegurar que he observado que, al llegar a esta etapa, hay un interés especial por las artes y las humanidades.

En esta etapa, la experiencia y la sabiduría que hemos ido acumulando nos induce a reflexionar sobre la vida y a buscar respuestas a preguntas, ya sean de índole existencial, político o personal, lo que nos lleva a consultar tratados de filosofía, historia, antropología, sociología o psicología, esperando que, al profundizar en las reflexiones de los grandes pensadores, hallemos las respuestas que nos ayuden a descubrir cuál es el sentido de la vida. También las artes, en cualquiera de sus facetas, son una asignatura pendiente que todos llevamos dentro.

Todos los procesos creativos seducen, nos atraen, y ahora es cuando toman mayor relevancia, ya que disponemos del tiempo suficiente para experimentar, sin la obligación de marcarnos ningún objetivo, lo que nos lleva a disfrutar tan solo de la experiencia. Las artes implican creatividad, y esta nos conecta directamente con nuestro mundo emocional.

No olvides que la creatividad ha sido clave en nuestra supervivencia y evolución como especie. Cualquier proceso creativo te hará sentir vivo porque te arrastrará del amor

---

25 FRANKL, Viktor (2015). *El hombre en busca de sentido*. Herder Editorial.

a la guerra, del pesimismo a la euforia. Estos sentimientos tan opuestos solo se pueden vivir desde el interior y no tienen fecha de caducidad o jubilación, por lo que pueden llegar a formar parte de tu esencia personal.

Un ejemplo de ello son los abuelos y bisabuelos que siguen subiendo al escenario y arrastrando masas como Bob Dylan y Paul McCartney, que lanzaron su último disco en el 2018 a los 78 años. También Mick Jagger y Keith Richards, que en el 2019, con 77 años, llevaron a cabo su última gira musical *No Filter Tour* con The Rolling Stones y aún siguen en activo. Tampoco podemos olvidar la voz de Tony Benett a sus 89 años, o la del cantante de *country* Willie Nelson, quien, a sus 83 años, tiene programadas giras de conciertos para este año 2020.

Si hablamos de actores, tienes el ejemplo de Kirk Douglas, que rodó su última película a los 89 años, o el de Angela Lansbury, que realizó su última actuación a los 93. También hay claros ejemplos de pintores y escultores, como Joan Miró, quien creó su última escultura, *Mujer y pájaro*, a los 90 años, o Pablo Picasso, que realizó sus últimos aguafuertes a los 91.

Todos conocemos famosos escritores que crearon su última obra a edades avanzadas, como Miguel de Cervantes, que escribió la segunda parte de *El Quijote* en 1615 a los 68 años, siendo una excepción, teniendo en cuenta la esperanza de vida de aquella época. Milan Kundera, quien publicó su última novela a los 85 años; el poeta leonés Victoriano Cremer, quien publicó su última columna periodística el día antes de fallecer a los 102 años, o Nicanor Parra, poeta chileno, que escribió su último libro de poesía (o antipoesía) a los 101 años. Todo ello sin olvidar a Robert Graves, quien publicó su última novela a los 100 años.

Todos ellos tienen algo en común: su creatividad, que forma o formaba parte de su esencia personal. No era un trabajo lo que desarrollaban, era parte de su esencia. Es evidente que ya no les mueve la fama o el dinero, sino que siguen creando porque aman lo que están haciendo, los hace fluir y disfrutan con ello.

Debes entender que no es lo que ellos hacen lo que cuenta, sino cómo lo hacen lo que da sentido a sus vidas, ya que su actividad les reporta una experiencia óptima que se convierte en parte de ellos y en su propósito en la vida.

La creatividad produce cambios en el cerebro, como demostró el estudio del neurocientífico de la Universidad John Hopkins Charles Limb[26], basado en el análisis de la actividad cerebral de músicos de *jazz* mientras improvisaban. Limb, a través de imágenes obtenidas mediante resonancia magnética funcional, detectó que, cuando improvisaban, se activaban unas áreas específicas del cerebro, a la vez que se desactivaban otras áreas cerebrales.

Así es como tiene que ser tu propósito en la vida. Debes encontrar una actividad que te motive, pero que tenga un componente de iniciativa y creatividad, que te dé la opción de decidir cómo la quieres realizar o hacia dónde quieres ir, a la vez que te permita imprimirle una parte de tu sello personal.

En el año 1905, Albert Einstein formuló la teoría de la relatividad, demostrando que cualquier medida de tiempo dependía de las condiciones del observador. Como observadores en primera persona que somos todos de nuestras vidas, la teoría de la relatividad nos introduce y explica lo que ocurre cuando fluimos en nuestro día a día.

Seguro que en más de una ocasión has sentido cómo tu percepción del tiempo se diluía, que el tiempo no existía o que había perdido su cadencia habitual, pasando mucho

---

26   LIMB, Charles J. y BRAUN, Allen R. (2008). «Neural substrates of spontaneous musical performance: An fMRI study of jazz improvisation». *PLOS ONE*, 3.2.

más rápido o mucho más lento de lo que tu conocimiento considera como normal. Este es el efecto que nos produce el estar sumergidos en una actividad que nos hace fluir.

El concepto de «fluir» fue descrito por el psicólogo Mihály Csíkszentmihályi, profesor en la Universidad de Claremont (California) y director del Quality of Life Research Center. Csíkszentmihályi publicó el resultado de sus estudios sobre la naturaleza de la felicidad y su relación con la creatividad en el libro *Flow: The Psychology of Optimal Experience* (traducido al castellano bajo el título *Fluir (flow): una psicología de la felicidad*, 2010), en el que define este término como

> ... la experiencia óptima, ese momento en el que las personas están tan involucradas en una actividad que su realización es intrínsecamente gratificante y nada más parece importarles, puede ser, entonces, un estado del ser humano que responde a unas características universales.

Csíkszentmihályi se refiere a realizar tareas que nos centren, nos absorban, nos seduzcan y, lo más importante, que nos satisfagan. Que nos den igual las horas que les dediquemos; que no nos cansen aunque no hayamos levantado la vista, o que no sintamos hambre aunque llevemos horas sin comer, debido a que no somos conscientes del tiempo.

El estado de fluir es similar al de la meditación, ya que ambos solo se pueden vivir desde el presente. Mientras realizamos una actividad que controla nuestra atención, controlamos nuestra conciencia, por lo que no estamos expuestos a distracciones.

Nuestro cerebro solo puede estar inmerso en una sola tarea en cada instante, y esto es lo que lo hace fluir, ya que el estrés se disipa y la ansiedad y las tensiones desaparecen. Estás tan involucrado en lo que haces que dejas de ser consciente de ti mismo y vives el momento de una forma relajada, cómoda, sin esfuerzo y llena de energía.

Estás conectado con el ahora, manteniendo tu mente focalizada en el presente, en tu actividad, desconectando del ruido interno que provocan los pensamientos constantes, la llamada «mente del mono» que va saltando constantemente de pensamiento en pensamiento.

En este estado de concentración se ha demostrado que se produce un aumento en la liberación de endorfinas, que son los neurotransmisores encargados, entre otras cosas, de situarnos en un estado de bienestar y felicidad. Simultáneamente, se produce la inhibición de la corteza prefrontal media y de la amígdala, que son las responsables de procesar los sentimientos negativos. Todo ello hace que nos sintamos bien.

Hasta ahora te he hablado de arte, humanidades y creatividad, pero puedes entrar en este estado de fluir con cualquier actividad, sea la que sea, siempre y cuando te motive y resulte un reto asumible. Pueden ser actividades mentales o físicas, así como activas o pasivas; analizaré más adelante algunas de ellas que considero que, por sus características, merecen una especial atención. Para poner algún ejemplo, tenemos la escritura o la lectura, escuchar o interpretar música y, cómo no, componerla. Pintar un lienzo o mirar un lienzo, cocinar, el ejercicio físico, cuidar del campo o del huerto, hacer maquetas, jugar al ajedrez y, en general, cualquier actividad que te agrade, atraiga o cautive. Como ves, no depende de la actividad que hagas, sino de cómo la hagas, y recuerda que lo importante es el camino y disfrutar de él en tu día a día.

Csíkszentmihályi afirma que «el disfrute solo aparece cuando se logra el punto medio entre el aburrimiento y la inquietud», lo que implica que, para que una actividad te atraiga lo suficiente y te permita llegar a fluir, debe estar en justo equilibrio con tus habilidades personales. Esto explica por qué las actividades de flujo conducen al crecimiento y al descubrimiento, ya que nadie puede disfrutar haciendo lo mismo durante mucho tiempo. Csíkszentmihályi concluye afirmando que uno «debe tener unos objetivos que sean alcanzables gracias al conjunto de habilidades y destrezas que la persona posee».

Seguro que te preguntas qué ocurre si decides dedicarte a no hacer nada. Debo decirte que, cuando no realizamos ninguna actividad, la mente se inquieta y empieza a divagar, normalmente con pensamientos que nos perturban, centrándose en lo que pasó o lo que puede llegar a pasar. Esto puede llevarnos hacia la depresión al revivir lo que sucedió en el pasado o a angustiarnos por lo que nos puede deparar el futuro. Para evitarlo, las personas buscan llenar su mente con informaciones fáciles, que las distraigan de estos pensamientos, como las que les pueden ofrecer los programas de televisión, las series *online* o el deambular por las redes sociales, que sin aportar un gran beneficio por sí solas sí les distraen la mente, pero difícilmente les harán fluir.

Por este motivo los estudios indican que estamos en flujo mayoritariamente cuando trabajamos y muy poco cuando disfrutamos del ocio, ya que, al realizar una actividad que nos atrae, concentramos nuestra energía y nuestra atención en objetivos que hemos decidido llevar a cabo y que, para nosotros, son importantes, lo que nos lleva a disfrutar de cada momento.

Debemos dedicar la mayor parte de nuestro tiempo a ocupaciones que nos hagan fluir en lugar de permanecer pasivos y dejarnos llevar por entretenimientos que nos proporcionan un placer inmediato, ya que, al realizarlas, disminuye nuestra actividad cerebral, pudiendo, a la larga, deteriorar nuestra capacidad de atención.

En un estudio realizado por el equipo del Dr. Jeste[27], se

---

27   DEPP, Colin A., *et al.* (2010). «Age, affective experience, and television use». *American journal of preventive medicine*, 39.2: 173-178.

recogieron los datos de 3982 estadounidenses de entre 15 y 92 años para relacionar la edad con el tiempo que le dedicaban a ver la televisión y el grado de satisfacción que sentían al hacerlo. Todos los integrantes del estudio fueron evaluados utilizando el «método de reconstrucción del día», un tipo de autoencuesta que permite evaluar cómo las personas experimentan sus vidas.

Los resultados demostraron que los mayores de 65 años pasaban tres veces más tiempo viendo la televisión que los adultos jóvenes, pero que disfrutaban menos de la televisión si lo comparamos con lo que disfrutaban al realizar otras actividades de ocio, y tampoco experimentaban los mismos efectos amortiguadores del estrés. El estudio concluye asociando el mayor tiempo dedicado a ver la televisión con una menor satisfacción de la vida. Ahora dispondrás de mucho tiempo, y deberás decidir en qué emplearlo, si para crecer y mejorar tu estilo de vida o para derrocharlo.

Hoy en día tenemos a nuestro alcance una gran oferta de ocio, que nos permite disfrutar de experiencias agradables con la que podemos llenar nuestro tiempo de una forma totalmente pasiva, ya que para ello no es necesario que hagamos nada. Antes de decidir que es esta tu elección, recuerda lo aturdido y abotargado que te sientes después de toda una tarde delante del televisor, pues, aunque se te pasen las horas sin darte cuenta, el efecto que produce sobre tu cerebro es totalmente diferente al que sientes tras realizar una actividad que te ha hecho fluir. Acepta también que estás quemando el tiempo del que dispones y que este es finito.

Has visto la importancia de realizar una o unas actividades que te atraigan y representen un reto para ti y un motivo para levantarte con ilusión cada mañana. Que si no hay estímulos ni esfuerzo físico o mental, el cuerpo y la mente envejecen rápidamente, con lo que no solo derrocharás el tiempo, sino que lo limitarás, de aquí la importancia de fluir en una actividad que a la vez te hará crecer y te motivará para vivir una vida plena. Se te ofrece la oportunidad de vivir más años siendo joven, de vivir un nuevo estilo de vida que te hará más feliz.

✓ *No dejes de realizar actividades que te gustan, por simples que te parezcan, ya que solo en la actividad desearás vivir cien años.*

✓ *Debes convertir tu actividad y tu tiempo libre en un espacio de crecimiento.*

✓ *En general, las actividades creativas nos atraen y ahora es cuando toman su mayor relevancia, ya que dispones del tiempo suficiente para experimentar sin la necesidad de conseguir ningún objetivo, simplemente disfrutando del camino.*

✓ *Debes entender que no es lo que haces lo que cuenta, sino cómo lo haces, incluso la actividad más simple puedes convertirla en la más satisfactoria.*

✓ *Sabes que, cuando no realizas ninguna actividad, tu mente se inquieta y empieza a divagar, dejando aflorar pensamientos que te perturban.*

✓ *Si no hay estímulos ni esfuerzo físico o mental, el cuerpo y la mente envejecen rápidamente.*

# No confundas «felicidad» con «bienestar»

«El verdadero propósito de nuestra vida es la felicidad».

Dalái Lama

Hace más de veintitrés siglos, Aristóteles llegó a la conclusión de que lo que más buscan los hombres y las mujeres es la felicidad. Ser feliz es un objetivo que históricamente siempre ha preocupado a la humanidad. En el año 58 d. C., en una carta de Lucio Anneo Séneca a su hermano mayor Galión, le manifestaba: «Todos los hombres, hermano Galión, quieren vivir felizmente». Este ser feliz se ha convertido en las últimas décadas en una necesidad que nuestro entorno nos recuerda constantemente, aunque no tengamos muy claro lo que representa y lo que necesitamos para conseguirla.

Es fácil confundir «felicidad» y «bienestar». Son varios los estudios que hablan indistintamente de «felicidad» y «bienestar» para referirse a los mismos conceptos, ya que es cierto que existe una correlación entre ellos. Sin entrar en conceptos filosóficos, entiendo «felicidad» como el estado de la persona en el que se siente plenamente satisfecha, más allá de lo material, lo que se manifiesta en una paz interior que se mantiene en el tiempo.

Ser feliz no está relacionado con haber superado todos los obstáculos que se te han puesto por delante, ni con el hecho de no tener preocupaciones, ni con no sentirse nunca triste, se trata más bien de un sentimiento prolongado de satisfacción con la vida y con las capacidades de uno mismo. Te describiré este estado como yo lo siento: «Estar sentado bajo un árbol, en silencio, en plenitud y satisfacción conmigo mismo y con mi entorno, donde no necesito nada más».

A diferencia de la felicidad, el bienestar, como la misma palabra indica, es el resultado de estar bien, y tiene mucho que ver con las posesiones materiales, nuestro día a día, por lo que es temporal, ya que pasaremos episodios de mayor o menor bienestar, según las circunstancias. Analizado de esta manera, podemos concluir que se puede ser feliz con o sin bienestar, y se puede tener un gran bienestar siendo, al mismo tiempo, infeliz.

Tal y como propone la teoría del punto de partida, el 50 % de nuestra felicidad está determinado por factores biológicos, debido a que nuestro origen es diferente. No todos somos iguales, ni nuestras circunstancias, desde que nacemos, son, ni han sido, las mismas. El otro 50 % está condicionado en un 10 % por circunstancias externas y en un 40 % por las decisiones que tomamos. Cada uno de nosotros puede aumentar en un 40 % su grado de felicidad al ir variando su relación con el entorno con acciones positivas en función de lo que vamos aprendiendo de la vida, lo que irá conformando nuestra escala de valores.

Quizás aún no te has preguntado si se puede ser feliz con los años o cómo te sentirás a medida que avancen los años. Si es así, te animo a que te lo preguntes, con el convencimiento de que la conclusión a la que vas a llegar, tras leer este capítulo, te llenará de paz y evitará que te angusties sobre tu futuro.

Los jóvenes, incluso las personas mayores, tienden a pensar que la vejez está relacionada con la tristeza y la decadencia, sea cual sea su estilo de vida. Somos conscientes de que con los años vamos perdiendo todo aquello que sobrevalorábamos cuando éramos más jóvenes y que veremos mermadas progresivamente nuestras capacidades, por lo que cabe suponer que con los años seremos menos felices. Paradójicamente, los estudios y la realidad nos dicen que no es así, ya que la edad tiende a trabajar en favor de la felicidad.

Son numerosas las investigaciones que relacionan los niveles de felicidad con la edad, pero fue la liderada por Peter Ubel[28], quien se define a sí mismo como un «científico del comportamiento», la que marcó un antes y un después en los estudios de la felicidad relacionados con la edad.

En el estudio de Ubel participaron 540 adultos, mitad hombres y mitad mujeres, divididos en dos grupos. El primero, de edades comprendidas entre 21 y 40 años, y el segundo, de más de 60 años. A cada participante se le pidió cuatro valoraciones relacionadas con niveles de felicidad, real o supuesta, que debían puntuar en una escala del 1 al 10. En primer lugar, debían valorar cuál era su actual nivel de felicidad. En segundo lugar, se les pedía una valoración acerca de la media de felicidad que ellos consideraban que tenía la gente de su edad. En tercer lugar, que recordaran o predijeran (según la edad que tenían) su nivel de felicidad a los 30 y a los 70 años. Y por último, la media de felici-

28   Lacey, Heather P.; Smith, Dylan M., y Ubel, Peter A. (2006). «Hope I die before I get old: Mispredicting happiness across the adult lifespan». *Journal of Happiness Studies*, 7.2: 167-182.

dad que suponían que debía tener cualquier persona a esas edades.

El análisis de los resultados reveló que la gente del grupo de los mayores de 60 años se sentía mucho más feliz que la del grupo de edades comprendidas entre los 21 y los 40 años, aunque paradójicamente todos los participantes opinaban que creían que a los 30 años se era más feliz que a los 60.

Seguramente no te esperabas estos resultados, ya que, como la mayoría, creías que se era más feliz a los 30 y a los 40 que a los 60. Pues, en general, no es así, y me entenderás ahora cuando te digo que ¡empieza lo mejor!

Son muchos los estudios que relacionan edad y felicidad y que han llegado a las mismas conclusiones, por lo que te he seleccionado los que para mí son los más representativos y te pueden ayudar a entender por qué aumenta la felicidad a partir de una cierta edad. Curiosamente, no son tan solo psicólogos, psiquiatras o sociólogos los autores de estos estudios, sino que en la mayoría están involucrados economistas, ya que ellos son los responsables de analizar grandes cantidades de datos en los que se basan dichos estudios.

En 2008, el profesor de Economía Andrew Oswald[29], de la Universidad de Warwick (Coventry, Inglaterra), publicó un estudio que demuestra que los valores de los niveles de felicidad, a lo largo de la vida de una persona, dibujan una curva en forma de U. Según Oswald, los niveles más altos de felicidad se presentan alrededor de los 20 años y, a partir de esta edad, empiezan a decaer. Se detectan pues los niveles más bajos en la edad adulta y se recuperan a partir de este punto, para alcanzar los niveles que tenían a los 20 años en la edad de jubilación.

---

29  BLANCHFLOWER, David G. y OSWALD, Andrew J. (2008). «Is well-being U-shaped over the life cycle?». *Social science & medicine*, 66.8: 1733-1749.

Ello se explica porque durante nuestra infancia y juventud somos muy felices, pero alrededor de los 20 años empezamos a darnos cuenta de que las expectativas que teníamos sobre nuestro futuro eran muy optimistas y poco realistas, por lo que comenzamos a dudar sobre nuestras posibilidades de alcanzarlas. Según la mayoría de autores, es en la década de los 40 donde tiene lugar el punto de inflexión, ya que empezamos a ser conscientes de nuestras posibilidades en la vida, de nuestros éxitos y fracasos, no tan solo profesionales, sino también personales: aceptamos la situación y la cambiamos, adaptando también nuestra escala de valores.

A partir de este punto, la curva se invierte: cada vez somos más felices, ya que tendemos a dejar de lado los aspectos más competitivos y ambiciosos, y valoramos más nuestros logros, sintiéndonos aliviados al liberarnos de falsas expectativas y responsabilidades, lo que nos permite valorar lo que de verdad importa.

Esta evolución que nos describen los estudios sobre los niveles de felicidad es lo que yo experimenté al cumplir los 60 años, y que me motivó a investigar y a buscar una respuesta que pudiera justificar lo que sentía. Tal y como explica Oswald, había pasado el punto de inflexión, ya que, como te he comentado, en aquel momento fui consciente de que, sin darme cuenta, había superado la etapa más difícil de mi vida y me sentía libre de tener que demostrar nada, lo que me permitía decidir cómo quería que fuera mi futuro.

Volviendo al estudio de Oswald, el gráfico en forma de U dio pie a que el periodista estadounidense Jonathan Rauch lo utilizara en el título de su libro *The happiness curve*[30], en el que describe y analiza su experiencia sobre la felicidad.

---

30    RAUCH, Jonathan (2018). *The Happiness Curve: Why Life Gets Better After 50.* Thomas Dunne Books.

Rauch, tras cumplir 40 años, cayó en una profunda crisis, sin motivo aparente, ya que disfrutaba del éxito profesional, de una relación estable, de una buena salud y de una buena posición económica, por lo que no encontraba una explicación a su estado. Según sus propias palabras, «era un misterio y no tenía sentido».

En una entrevista para la revista digital *Gente Yold*, Rauch confiesa que, en el momento en que descubrió los estudios que describen y avalan la teoría de la curva de la felicidad, se dio cuenta de lo que le estaba pasando, lo que lo ayudó a superarlo y lo animó a escribir el libro.

Dilip Jeste, psiquiatra y director del Instituto Sam and Rose Stain de Investigación sobre el Envejecimiento (SIRA), dirigió una revisión bibliográfica[31] con el objetivo de analizar por qué la vida de las personas mayores, a pesar de presentar una disminución progresiva de sus capacidades físicas, se ve asociada a una mejor salud psicológica y a un mayor bienestar. Tras la revisión, concluye que es debido a su sabiduría, obtenida de su experiencia en la vida.

Con la edad, aprendemos a manejar mejor nuestras emociones, lo que nos hace menos vulnerables frente a las adversidades.

Peter Ubel, junto con otros científicos del Program for Improving Health Care Decisions de la Universidad de Michigan, llega a la conclusión de que los seres humanos somos capaces de ser felices en situaciones difíciles, como, por ejemplo, al enfrentarnos a una enfermedad grave. La experiencia que vamos adquiriendo a lo largo de la vida nos permite la adaptación y la modulación de nuestras respuestas emocionales, por lo que, con los años, somos capaces de sentirnos más felices en estas circunstancias.

---

31  JESTE, Dilip V. y OSWALD, Andrew J. (2014). «Individual and societal wisdom: Explaining the paradox of human aging and high well-being». *Psychiatry: Interpersonal and Biological Processes*, 77.4: 317-330.

Una de las definiciones que considero maravillosas sobre la relación entre la sabiduría y la vejez es la que escribió el filósofo suizo Henri-Frédéric Amiel (1821-1881): «Saber envejecer es una obra maestra de la sabiduría y una de las partes más difíciles del gran arte de vivir».

El cambio en tu estilo de vida tiene que estar basado en la sabiduría que has ido adquiriendo con los años y que te hará pasar de buscar la felicidad en el exterior a buscarla en ti mismo. Debes aceptar tu situación personal y a ti mismo tal y como eres. Debes valorar más el hecho de rodearte de las pequeñas cosas que te hacen sentir bien y dejar de buscar la perfección en todo, ya que de esta manera podrás disfrutar libremente del momento. Cuida más de tu salud y empieza a dedicarle más tiempo a relacionarte con tu entorno, y por último, evita afanarte en acaparar muchas cosas ni en luchar constantemente para recibir nuevos estímulos o experiencias basadas en compras, viajes, etc., en busca de la felicidad. Dedícate a vivir y a disfrutar del momento en tu día a día.

Hay una frase de Albert Einstein que para mí describe perfectamente la sabiduría aplicada al estilo de vida: «La calma y una vida modesta traen más felicidad que la persecución del éxito y la constante inquietud que ello implica».

Sabes que tu experiencia a lo largo de los años te ha enseñado que esta búsqueda constante de la felicidad en lo material, en el llegar a ser y tener, a la larga te aporta poco o nada, ya que te desgasta y nunca tienes suficiente, por lo que debes adoptar una actitud más sencilla en tu búsqueda de la felicidad, basada en saber apreciar lo que tienes y disfrutar de las cosas que de verdad te hacen feliz.

Esta visión de lo que de verdad importa en la vida me trae a la memoria uno de los discursos del senador Robert F. Kennedy, quien, en plena campaña electoral, el 18 de marzo de 1968, criticó de una forma abierta cómo se utilizaba el producto interior bruto (PIB) como medida del grado de felicidad que puede tener un país:

Nuestro PIB tiene en cuenta, en sus cálculos, la contaminación atmosférica, la publicidad del tabaco y las ambulancias que van a recoger los heridos en nuestras autopistas. Registra los costes de los sistemas de seguridad que instalamos para proteger nuestros hogares, y las cárceles en las que encerramos a los que logran irrumpir en ellos. Conlleva la destrucción de nuestros bosques de secuoyas y su sustitución por urbanizaciones caóticas y descontroladas. Incluye la producción de napalm, armas nucleares y vehículos blindados que utiliza nuestra Policía antidisturbios para reprimir los estallidos de descontento urbano. Recoge los programas de televisión que ensalzan la violencia con el fin de vender juguetes a los niños. En cambio, el PIB no refleja la salud de nuestros hijos, la calidad de nuestra educación ni el grado de diversión de nuestros juegos. No mide la belleza de nuestra poesía ni la solidez de nuestros matrimonios. No se preocupa de evaluar la calidad de nuestros debates políticos, ni la integridad de nuestros representantes. No toma en consideración nuestro valor, sabiduría o cultura. Nada dice de nuestra compasión ni de la dedicación a nuestro país. En una palabra: el PIB lo mide todo, excepto lo que hace que valga la pena vivir la vida.

Como te voy reiterando a lo largo del libro, el secreto está en los orígenes, en las pequeñas cosas y en lo que de verdad importa.

Un claro ejemplo es el Reino de Bután, en el Himalaya, afín a la India. Tiene una población aproximada de 800.000 habitantes, y utiliza como indicador para tomar las decisiones políticas y económicas el grado de bienestar de su población, la felicidad nacional bruta (FNB) frente al PIB.

Bután está regida por una monarquía constitucional, gobernada desde el año 2008 por el Rey Dragón, Jigme Khesar Namgyel Wangchuck, después de que abdicara su padre en el 2006. Periódicamente, los ciudadanos de Bután, que mayoritariamente trabajan en el sector agrícola y ganadero, responden a un extenso cuestionario que aborda, entre otras cuestiones, el bienestar psicológico, la utilización del tiempo en actividades que los hacen fluir, las relaciones sociales, la salud, la educación, la cultura y la calidad de vida.

¿Te suenan de algo? ¿A que sí? Porque te las voy repitiendo a lo largo del libro: los estudios, la historia, la filosofía y la psicología nos llevan siempre a los mismos valores. Simplifica, reconoce el valor de las pequeñas cosas y adopta un nuevo estilo de vida.

El 12 de junio de 2012, la Asamblea General de las Naciones Unidas proclamó que cada 12 de junio se celebraría el Día Internacional de la Felicidad, con la intención de reconocer la relevancia de la felicidad y el bienestar como aspiraciones universales de los seres humanos.

Laura Carstensen, profesora de Psicología en la Universidad de Stanford (California) y directora del Stanford Center on Longevity, publicó un estudio[32] en el que analizaba las emociones positivas y negativas de un grupo de 184 personas, de edades comprendidas entre los 18 y los 94 años.

Mediante un cuestionario, fue recabando datos sobre el estado emocional de los integrantes del estudio, cinco veces al día, durante una semana. El análisis de los resultados indicó que las personas mayores y los jóvenes experimentaban prácticamente las mismas emociones positivas, pero que el grupo de personas mayores experimentaba menos emociones negativas. También concluye que en las personas mayores, los estados positivos duraban más y los negativos menos.

---

32  CARSTENSEN, Laura L., *et al.* (2011). «Emotional experience improves with age: evidence based on over 10 years of experience sampling». *Psychology and aging*, 26.1: 21.

Estos resultados coinciden con los publicados por Derek Isaacowitz[33], profesor del Departamento de Psicología de la Northeastern University de Boston, al confirmar que las personas mayores, al experimentar menos emociones negativas, presentan una mayor capacidad para superar las adversidades, si las comparamos con las personas jóvenes.

Esta capacidad para ver el vaso medio lleno frente a la adversidad nos permite una mejor aceptación de todo aquello que nos sucede. Somos capaces de apreciar y valorar todo lo positivo que tiene cada momento y encajamos mejor los golpes de la vida, por lo que somos más capaces de extraer y disfrutar de lo bueno que nos rodea.

El Dr. Dilip Jeste dirigió varios estudios en el SIRA, centrados en pacientes de entre 60 y 98 años que sufrían o habían sufrido una enfermedad concreta, como cáncer, diabetes, problemas cardíacos, HIV, incluso patologías mentales, como la esquizofrenia. A todos se les pidió que valoraran su calidad de vida actual, o sea, cómo vivían el envejecimiento en una escala de 1 a 10, siendo el 10 una buena calidad de vida.

El resultado obtenido fue que, a pesar de las enfermedades, los integrantes del estudio valoraban su calidad de vida con un 8,4 de media, muy alto para lo que podríamos suponer si juntamos el envejecimiento y la enfermedad. Un dato relevante es que solo un 10 % de los encuestados relacionaron su calidad de vida con su estado de salud.

Tras analizar los resultados y según palabras de Dilip Geste, «podemos afirmar que el optimismo y la actitud de enfrentarse a las cosas es más importante para conseguir un envejecimiento feliz que las mediciones tradicionales de

---

33    Isaacowitz, Derek M. (2012). «Mood regulation in real time: Age differences in the role of looking». *Current directions in psychological science*, 21.4: 237-242.

salud y bienestar», ya que, paradójicamente, aquellos que pensaban que envejecían bien no eran los que presentaban mejor salud.

Resumiendo, la felicidad y un envejecimiento óptimo dependerán más de una actitud positiva que de la salud que tengas.

✓ *Ser feliz se trata de un sentimiento prolongado de satisfacción con la vida y con las capacidades de uno mismo. Al contrario que el bienestar, que es el resultado de estar bien y que está más relacionado con las posesiones materiales.*

✓ *Recuerda que el 40 % de tu felicidad depende de las decisiones que vayas tomando.*

✓ *Los mayores de 60 años son más felices que los de edades comprendidas entre los 21 y los 40 años.*

✓ *Con la edad aprendemos a manejar mejor nuestras emociones, lo que nos hace más fuertes frente a las adversidades.*

✓ *Con los años, aunque experimentemos prácticamente las mismas emociones positivas que las personas jóvenes, estas duran más y experimentamos menos emociones negativas.*

✓ *La felicidad y un envejecimiento óptimo dependerán más de que adoptes una actitud positiva que de la salud que tengas.*

# Música y felicidad

«Sin música, la vida sería un error».

Friedrich Nietzsche

Creo sinceramente que la música es la forma más fácil de ser feliz y, al igual que Nietzsche, no puedo imaginarme la vida sin ella. La frase «La música es la forma más fácil de ser feliz» surgió en el transcurso de una conversación con un buen amigo mío, Ton Lleonart, mientras sonaba de fondo una de las *playlists* de temas de *jazz* estándar que creé para la clínica. Ton, escritor y guionista, me explicó que la frase la pronunciaba uno de los protagonistas de un cuento que había escrito, titulado *Érase una vez... y otra*. El cuento trata de cuatro amigos: un deportista, un vividor, un músico y un escritor. Todos se reunieron al atardecer bajo un árbol y entablaron una conversación sobre cuál de ellos era más feliz con su tipo de vida. Cada uno defendía la felicidad que le proporcionaba su afición, y el músico pronunció esta frase al comparar su felicidad con la de sus amigos: «La música es la forma más fácil de ser feliz».

La música forma parte de todas las culturas y ha estado presente en todas las épocas. Nos acompaña en los momentos felices y en los momentos tristes. Nos produce sensaciones que a veces no sabemos explicar, nos emociona, nos enloquece y a la vez nos hace llorar.

Mis genes por parte de madre son los responsables de que sea un apasionado de la música. Mi abuelo, Antonio Pérez Moya, fue uno de los grandes del canto coral en Cataluña y dejó como legado una producción musical notable, especialmente obras para coro y música religiosa. Su adaptación de *El ruiseñor* (*El rossinyol*) fue versionada por Joan Báez y formó parte de su disco *Gracias a la vida*, publicado por A&M Records en el año 1974. Su hijo, Antoni Pérez Simó, siguió sus pasos, enriqueciendo la obra musical de la familia.

Cuando me llegó el momento de escoger qué estudio superior quería cursar, le planteé a mi padre, médico e integrante de una saga de profesionales de la salud, que quería hacer la carrera de piano. Él se opuso, argumentando, entre otras razones, que debía formarme en una profesión «más adecuada para las responsabilidades que tendría, en un futuro, como cabeza de familia», y que siempre tendría tiempo para la música. Acepté, no muy convencido, y me matriculé en la Facultad de Medicina, ya que era la única profesión que conocía. Con el tiempo, tal como él predijo, he procurado dedicar tiempo a escuchar música y a tocar, como aficionado, todos los instrumentos que he tenido a mano: piano, teclados, guitarra, etc.

Nuestra relación con la música empieza por una relación física que se origina a través de las vibraciones producidas por un instrumento, la voz u otra fuente sonora. Estas ondas son transportadas a través del aire, impactando en el tímpano y generando oscilaciones en los pequeños huesos del oído medio. Esto crea unas ondas en el líquido coclear que estimulan las células nerviosas del nervio auditivo, llegando así la información a varias áreas del cerebro, donde es procesada.

Son muchos los autores, como Lamont[34] o Croom[35], que afirman en sus estudios que la música cumple con todos los elementos necesarios para el bienestar y la felicidad propuestos por el psicólogo y escritor estadounidense Martin Seligman[36], pionero de la psicología positiva. Tanto Lamont como Croom concluyen en sus artículos que la música produce emociones positivas a través de la activación de las áreas de refuerzo cerebrales.

En el reciente estudio realizado por Cohen y colaboradores, tras analizar los sentimientos de 2000 personas de Estados Unidos y China al escuchar diferentes composiciones musicales, y publicado en la revista *Proceedings of the National Academy of Sciences*[37], se describen 13 emociones diferentes que puede despertar la música: diversión, alegría, erotismo, belleza, relajación, tristeza, sueño, triunfo, ansiedad, miedo, molestia, desafío y «energizante».

¿Te has preguntado alguna vez por qué un conjunto de sonidos tiene tanto efecto sobre nosotros? Unas sensaciones que, en mi caso, no me las proporciona ninguna otra disciplina artística. ¿O qué ocurre en nuestro cerebro cuando escuchamos una canción?

Diversos estudios nos indican que los ritmos y las melodías provocan que la sangre fluya hacia las regiones del cerebro implicadas en la liberación de dopamina, que, como

34   Lamont, Alexandra (2011). «University students strong experiences of music: Pleasure, engagement, and meaning». *Musicae Scientiae*, 15.2: 229-249.

35   Croom, Adam M. (2012). «Music, neuroscience, and the psychology of well-being: a précis». *Frontiers in psychology*, 2: 393.

36   Seligman, Martin E. P. (2012). *Flourish: A visionary new understanding of happiness and well-being*. Simon and Schuster.

37   Cowen, Alan S., *et al.* (2020). «What music makes us feel: At least 13 dimensions organize subjective experiences associated with music across different cultures». *Proceedings of the National Academy of Sciences*, vol. 117, n.º 4: 1924-1934.

sabes, es una substancia que actúa directamente sobre los centros de recompensa y de placer del cerebro.

Dos neurocientíficos, la doctora canadiense Valorie Salimpoor y el profesor de la Universidad McGill (Montreal) Robert Zatorre, publicaron un artículo[38] en el que vinculaban la música con los sentimientos y el placer.

Para realizar el estudio se pidió a un grupo de voluntarios que escucharan piezas de música instrumental. Basándose en el análisis de las imágenes obtenidas mediante resonancia magnética funcional, demostraron que la música les provocaba, en mayor o menor medida, según la sensibilidad personal, una excitación emocional intensa, incluyendo cambios en su frecuencia cardíaca, respiratoria, cambios en el pulso y reacciones emocionales junto con otros síntomas físicos, como temblores o escalofríos.

Está demostrado científicamente que la música actúa sobre el cerebro desencadenando emociones y mejorando la memoria, a la vez que favorece la neuroplasticidad. Las terapias basadas en la música ayudan a disminuir la ansiedad, el estrés y el dolor, favoreciendo el fortalecimiento inmunitario, así como también sirven de apoyo en el tratamiento de algunas enfermedades neurológicas, como el alzhéimer, el párkinson o el autismo.

La música facilita relacionarse con el entorno y socializar, lo que es muy importante en esta etapa de tu vida. Si alguna vez has cantado en un coro, has interpretado música con alguien o estás en un baile, habrás observado que nadie está malhumorado, que no hay caras serias y que las miradas no solo son de alegría, sino también de complicidad.

---

38  SALIMPOOR, Valorie N., *et al.* (2011). «Anatomically distinct dopamine release during anticipation and experience of peak emotion to music». *Nature neuroscience*, 14.2: 257.

Esta complicidad viene desencadenada por la acción de las neuronas espejo.

Las neuronas espejo están localizadas principalmente en la parte frontal del hemisferio izquierdo del cerebro (área de Broca) y representan el 20 % de todas nuestras neuronas. Estas están especializadas en comprender no solo la conducta de los demás, sino también cómo se sienten, por lo que se las relaciona directamente con los comportamientos empáticos, sociales e imitativos.

La música activa directamente estas neuronas, por lo que ante un grupo de gente escuchando o interpretando un mismo estilo de música, desencadenan la sincronización del grupo, induciendo a una experiencia emocional compartida, ya sea de alegría, tristeza, miedo, etc.

Como no puedo percibir un mundo sin música, te animo a incorporarla a tu nuevo estilo de vida, ya que, como has visto, la música liberará tus emociones, puede mejorar tu salud, proporcionarte bienestar y, como veremos al hablar del baile, te incitará a practicar ejercicio.

La música te llevará a recorrer tu pasado, haciéndote revivir momentos especiales, a la vez que revives las emociones de aquel momento. También estimulará tu empatía a través de la activación de las neuronas espejo, lo que te hará sentir que formas parte de una comunidad.

✓ *Recuerda que la música es la forma más fácil de ser feliz, incorpórala a tu nuevo estilo de vida.*

✓ *No dejes de escuchar música, ya que te proporcionará beneficios para tu salud física, mental y emocional.*

# Cuida tu salud, como en los países más longevos

«Mantener el cuerpo en buena salud es un deber; de lo contrario, no podremos mantener nuestra mente fuerte y clara».

Buda

Los dos somos conscientes de que el ritmo de vida que hemos llevado hasta ahora ha incidido, en mayor o menor medida, en nuestro estado de salud, y que ahora, al comienzo de esta nueva etapa, se nos presenta una oportunidad única para cambiar algunos de nuestros hábitos y adoptar otros nuevos.

Durante estos últimos años, vas siendo más consciente de todo aquello que deberías hacer y que no has hecho para llevar un estilo de vida más saludable. Sé que tu día a día, sumado a tus obligaciones, no te lo han puesto fácil y lo has ido postergando, pero ahora ya no tienes excusas, y recuerda que sigues siendo el único responsable de decidir qué hábitos quieres cambiar según como quieras que sea tu vida a partir de ahora.

Recuerda que está en tus manos la posibilidad de revertir tu edad biológica y que la mayoría de los marcadores que te indican si vas envejeciendo o te vas manteniendo, se pueden conocer realizando exploraciones simples. Por ello, debo insistir en la importancia de realizar un chequeo periódico con tu médico, lo que te va a permitir, año tras año, conocer cuál es tu estado de salud y de envejecimiento. Eso sí, se responsable de tu estilo de vida y no le pidas a tu médico que haga por ti lo que tú no eres capaz de hacer. No conviertas tu visita a los médicos en una actividad habitual, ya que se está mejor paseando o realizando cualquier actividad que sentado en una sala de espera. Antoni Sitges-Serra, jefe de Cirugía del Hospital del Mar, describe en su polémico libro *Si puede, no vaya al médico*[39] que el sistema actual de salud induce a que nos operen, receten y mediquen más de lo necesario. Debes ser tú el responsable de cuidar de tu salud, ya que nadie te conoce mejor que tú.

No te obsesiones ni pienses demasiado en las enfermedades o en las limitaciones que, con el tiempo, puedes ir padeciendo. Cuídate, cuida tu estilo de vida, y recuerda que, si lo haces así y estas aparecen, tendrán una aparición más tardía, como expone Vaupel[40] en su artículo.

Cuando lleguen, debes aceptarlas y seguir las recomendaciones de los especialistas, sin olvidar la oportunidad que te ha dado tu cuerpo, hasta ahora, y que te ha permitido hacer todo lo que has hecho. Debes ser flexible y admitir que hay variables sobre las que no podrás intervenir, pero mientras tengas la oportunidad de actuar, no dejes de hacerlo.

Créeme cuando te digo que estarás más sano si no piensas en tu enfermedad. Si aprendes a manejar tus pensamientos y emociones, tu cuerpo minimizará el envío de señales preocupantes, y, al contrario, si piensas demasiado en ello,

39  Sitges, A. (2020). *Si puede, no vaya al médico*. Ed. Debate.
40  Christensen, K.; Doblhammer, G.; Rau, R., y Vaupel, J. W. (2009). «Ageing populations: the challenges ahead». *Lancet*, 374.9696: 1196-2008.

irá ganando presencia, pudiendo la misma enfermedad llegar a invalidarte. Es importante que no olvides que es tu forma de vivirla la que le dará un mayor o menor protagonismo. Recuerda que, si te cuidas a nivel físico y emocional, tu cuerpo está preparado, en la mayoría de los casos, para actuar como la mejor de las medicinas.

Como ya sabes, los estudios que analizan los factores responsables del aumento de la longevidad cifran que un 20 % de nuestra esperanza de vida viene dictada por los genes, y que el otro 80 % viene determinado por nuestro estilo de vida. Además, gracias a la epigenética, este 20 % no tiene por qué expresarse al 100 %; dicho de otra manera, que estos genes no tienen por qué activarse, ya que ello depende, en gran parte, de los factores ambientales a los que estás sometido y de tu estilo de vida.

Sabes que me gusta simplificar y volver a los orígenes, ya que, según mi opinión, hay poco que descubrir al describir cómo debe ser un estilo de vida saludable y qué beneficios te puede aportar.

Hoy en día se empieza a cuestionar el coste-beneficio que nos aporta nuestro modelo de sociedad y nuestro estilo de vida actual, lo que nos lleva a recuperar tradiciones y costumbres que teníamos casi olvidadas, pero que han permanecido inalteradas en otras culturas.

Este es el motivo que me ha llevado a revisar los estilos de vida y las costumbres de los países y regiones más longevas del mundo, buscando conocer qué hábitos o estilos de vida podían tener en común, comprobando, como describo a lo largo del libro, que poco han cambiado respecto al estilo de vida que te propongo.

Son varios los estudios que han buscado y estudiado las regiones más longevas del mundo, las conocidas como «zonas azules», para analizar cuáles son los factores que pueden favorecer que sus habitantes vivan más años.

Tal y como describen Willcox, Craig y Makoto en su libro

*How the World's Longest-lived People Achieve Everlasting Health and how You Can Too*[41], una de las primeras investigaciones sobre estas regiones fue realizada en los años 70 sobre la población de Okinawa, descubriendo que para sus pobladores tenían la misma importancia tanto la alimentación como disponer de un fuerte apoyo social y comunitario, o el poder disfrutar de independencia personal.

Posteriormente, apareció el término de «zonas azules», refiriéndose a las áreas del mundo donde las personas viven vidas considerablemente más longevas. El demógrafo belga Michel Poulain y el médico italiano Gianni Pes, tras descubrir en la región de Nuoro (Cerdeña) una población con estas características, la marcaron sobre el mapa con tinta azul, de ahí proviene el nombre de «zona azul»[42]. Los resultados de su estudio, conocido con el nombre de AKEA, y que permanecían inéditos en un borrador, no fueron publicados hasta el año 2004, en la revista *Experimental Gerontology*[43].

Cuatro años más tarde, el término de «zonas azules» inspiró el título del primer libro publicado por Dan Buettner[44]. Este autor, periodista y documentalista ya había publicado un primer artículo, que causó gran interés, sobre los secretos de las zonas longevas y de la longevidad, en la revista *National Geographic*[45].

41  WILLCOX, Bradley J.; WILLCOX, D. Craig, y SUZUKI, Makoto (2002). *The Okinawa Program: How the World's Longest-lived People Achieve Everlasting Health--and how You Can Too*. Harmony.

42  POULAIN, Michel, *et al.* (2003). «Age-validation and non-random Spatial Distribution of Extreme Longevity in Sardinia: the AKEA Study». Unpublished draft from November.

43  POULAIN, Michel, *et al.* (2004). «Identification of a geographic area characterized by extreme longevity in the Sardinia island: the AKEA study». *Experimental gerontology*, vol. 39, n.º 9: 1423-1429.

44  BUETTNER, Dan (2012). *The blue zones: 9 lessons for living longer from the people who've lived the longest*. National Geographic Books.

45  BUETTNER, Dan (2005). «New Wrinkles on Aging Residents of Oki-

Según Buettner, las regiones más longevas del mundo son: la isla de Okinawa, en la zona sur de Japón; las regiones de Ogliastra y Barbagia, en la provincia de Nuoro, en Cerdeña; Loma Linda, en EE. UU.; la península de Nicoya, en Costa Rica, y, finalmente, en el 2009, incorporó la isla de Icaria, en Grecia.

En el año 2016, Japón volvió a batir el récord mundial de centenarios registrados, cifrándose en 65.692, según los datos publicados por el Ministerio de Salud, Trabajo y Bienestar, siendo la pequeña ciudad de Kyotango, al norte de Kioto, donde se concentra el mayor número de personas mayores de 100 años. La sociedad Gerontology Research Group, creada en Los Ángeles en 1990, se encarga de verificar y publicar, periódicamente, informes sobre las personas que han cumplido más de 110 años, los llamados «supercentenarios».

Estarás de acuerdo, ahora que ya eres consciente de lo que representa tu edad biológica y de que vas a vivir más años que las generaciones anteriores, que a lo que debes aspirar no es a ser viejo más tiempo, sino a ser joven más años. El que lo consigas depende de factores biológicos, psicológicos y sociales, y serán estos los que contribuirán a diseñar tu estilo y calidad de vida en un futuro. Tu nuevo estilo de vida deberá sustentarse en cinco pilares fundamentales: la alimentación, el ejercicio, tener un propósito que te haga fluir, una rica vida social y mantener una actitud positiva.

Debes empezar a cuidar la calidad y cantidad de lo que comes, así como evitar el sedentarismo. Aprovecha, ahora que dispones de tiempo, para realizar la compra diaria en el mercado y frecuentar el comercio de proximidad despla-

---

nawa, Sardinia, and Loma Linda, California, live longer, healthier lives than just about anyone else on Earth. What do they know that the rest of us don't?». *National Geographic*, 208.5: 2.

zándote a pie, con lo que, a la vez que realizas un ejercicio moderado, podrás comprar productos y alimentos frescos, pudiéndote relacionar con tu entorno. Todo ello deberá formar parte de tu estilo de vida en esta nueva etapa.

Debes cuidarte emocionalmente, teniendo propósitos e ilusiones bien definidos, ya que, si no es así, la vida va perdiendo sentido. Intenta estar conectado con el presente, con tu yo en cada momento. Descubre y dedícale tiempo a aquella actividad o actividades que te motivan y que te hacen fluir, sin olvidarte de cultivar las relaciones sociales. Todo ello bajo un prisma de positividad que te ayudará a encarar tú día a día.

Puede que ya estés satisfecho con tu estilo de vida actual; si es así, perfecto, aunque permíteme que lo dude, ya que tus obligaciones y el ritmo de vida al que has estado expuesto seguro que no te han ayudado a valorar, en su justa medida, lo que de verdad importa. Ahora tienes la oportunidad de cambiar aquellos hábitos poco saludables que has ido acumulando a lo largo de los años; si no lo haces, ellos te seguirán controlando.

Plantéate estos cambios de mejora con ilusión, como todo lo que te plantees a partir de ahora, ya que ha llegado el momento de que te cuides y de que vivas la vida como se merece, pero, recuerda, depende de ti, al final eres tú quien lo decide.

Ha llegado el momento de convertirte en tu prioridad: no es egoísmo, es una realidad que tienes que entender y que te va a permitir diseñar tu nuevo estilo de vida. Tu tiempo sigue siendo limitado, no lo malgastes viviendo la vida de los demás y sé fiel a ti mismo.

✓ *Empieza a dedicarle más atención a tu salud física y emocional, a lo que de verdad te importa y tiene valor en esta vida.*

✓ *No olvides que la calidad de vida que tendrás a partir de ahora depende en más de un 80 % de tu estilo de vida.*

✓ *Las probabilidades que tienes de vivir más años son muy superiores a las que tenían las generaciones anteriores, por lo que no te resignes a ser viejo más tiempo, sino que debes aspirar a ser joven más años.*

✓ *Tu salud física y mental depende de tu alimentación, del ejercicio que hagas, de que tengas un propósito en la vida, una rica vida social y de que mantengas una actitud positiva frente a la vida.*

✓ *Ha llegado el momento de convertirte en tu prioridad: no es egoísmo, es una realidad que tienes que entender y que te va a permitir decidir cómo quieres vivir.*

✓ *Tu tiempo sigue siendo limitado, no lo malgastes viviendo la vida de los demás, sé fiel a ti mismo.*

# Alimentación.
# Volver a los orígenes

No te descubro nada nuevo si te digo que llevar una alimentación saludable es uno de los objetivos principales de la sociedad, e incluso hoy en día se ha convertido en una moda. Solo tienes que revisar los estudios y libros que se publican cada año, la publicidad constante en medios de comunicación y el contenido que generan en las redes sociales los *influencers, youtubers* e *instagramers.*

Una alimentación saludable permite a las personas disfrutar de una vida más sana y longeva, por lo que este tiene que ser también uno de tus objetivos. No olvides lo que te comenté cuando te hablaba de la edad cronológica en relación con la edad biológica, pues puedes llegar a revertir tus marcadores biológicos tan solo cambiando tus hábitos de alimentación.

Si te preguntas la influencia que tiene para tu salud lo que estás comiendo, lo primero que debes tener en cuenta y que no debes olvidar es que tan importante es la cantidad como la calidad. El Dr. Gregorio Marañón, en el prólogo del libro *Ideas modernas sobre alimentación*, escrito en el año 1923 por el Dr. Martínez Nebot[46], ya afirmaba que «las incorrecciones cuantitativas y cualitativas de la alimentación se consideran responsables principales de muchos estados patológicos».

La composición de los alimentos ha cambiado nuestros hábitos con respecto a nuestra dieta. Te hablaré de la calidad de los nutrientes y de cómo estos pueden afectar a tu salud. Es importante que recuerdes de dónde vienes y cómo has ido adulterando tu dieta, añadiendo más alimentos procesados y ultraprocesados, seducido por la oferta de la industria y el comercio.

No soy nadie para decirte si la dieta debe ser omnívora, vegetariana, vegana, crudivegana, ovolactovegetariana, pescovegetariana…, y seguramente estas no son todas y me estoy dejando alguna. Tampoco te hablaré de dietas como la paleo, la proteica, la détox, la alcalina, etc. Por último, tampoco haré referencia a cómo debes combinar, en una misma comida, los alimentos que ingieres para que esta sea saludable, que es de lo que trata la trofología.

La Dra. Díaz-Méndez[47], catedrática de Sociología en la Universidad de Oviedo, afirma que

… el interés por conseguir la salud a través de la alimentación se convierte en una forma incorrecta de intentar conseguir una dieta saludable, ya que, más que lograr una evolución positiva hacia una dieta equilibrada, se confunde con un hábito de «estar a dieta» que crea un ambiente propicio para la proliferación de terapias y productos milagro.

---

46   NEBOT, F. (1923). *Ideas modernas sobre la alimentación*. Ed. Saturnino Calleja S. A.
47   DÍAZ MÉNDEZ, C. (2016). «Estabilidad y cambio en los hábitos alimentarios de los españoles». *Acta Pediátrica Española*, 74.1.

Estoy completamente de acuerdo con ella: nos empeñamos en complicarnos la vida y todo es mucho más fácil, debemos volver a los orígenes.

La dieta que nos enseñaron nuestros padres hoy en día la consideraríamos como muy sana. Recuerda aquellos años en que comer pollo asado era una fiesta reservada a los domingos, y el resto de la semana se cocinaba en casa, con productos naturales, dedicando tiempo a prepararlos.

De aquí pasamos progresivamente a la abundancia, fruto de la disminución del número de granjas pequeñas y al aumento de la agricultura y de la ganadería industrial, junto con la aparición de la piscicultura comercial. Todo ello ha provocado un aumento de la productividad y un crecimiento de la industria alimentaria, desencadenando la disminución del precio de los productos, el aumento de alimentos procesados y el diseño, cada vez más frecuente, de alimentos ultraprocesados. También hemos visto cómo se ha incrementado la oferta de productos a base de cereales refinados y bebidas preparadas, ricas o bajas en azúcares. El resultado ha sido que hemos cambiado nuestros hábitos alimentarios.

Debes saber que nuestro organismo está programado para ingerir cuantas más calorías mejor, ya que, en otra época, estas calorías eran difíciles de conseguir, por lo que había que aprovechar la ocasión. Actualmente, en nuestra sociedad, no hay escasez, pero seguimos consumiendo mucho más de lo que necesitamos a base de alimentos hipercalóricos, ricos en grasas y azúcares libres o enriquecidos con sal, ya que, aparte de que nos lo pide nuestro organismo, está demostrado que este tipo de alimentos, debido a su composición, puede crear adicción.

Las prisas y el menor tiempo de que disponemos, su atractivo y su bajo precio nos incitan a su consumo, y no somos conscientes de que estamos descuidando nuestra dieta y que ello afecta directamente a nuestra salud.

Hoy en día han tomado una gran relevancia en nuestra sociedad el sobrepeso y la obesidad. Estos responden a un desequilibrio energético entre calorías consumidas y gastadas, siendo este desequilibrio el responsable de muchas enfermedades, lo que representa un problema que se ha incrementado de forma importante en las últimas décadas. Podemos definir el sobrepeso y la obesidad como una acumulación anormal o excesiva de grasa que puede llegar a ser perjudicial para la salud.

Según un informe de la OMS del 16 de febrero de 2018, desde 1975 la obesidad casi se ha triplicado en todo el mundo, llegando a afectar, en el año 2016, a más de 1900 millones de adultos mayores de 18 años, de los cuales el 39 % presentaba sobrepeso, y el 13 %, obesidad. No disponemos de estadísticas más recientes, pero es lógico pensar que estas cifras van aumentando.

Aunque no siempre actuemos en consecuencia, seguro que no te cuento nada nuevo si te digo que una alimentación saludable es la que te aporta los nutrientes necesarios en cantidad y calidad. No necesitas comer más de lo necesario; si lo haces así, disminuirás el riesgo de padecer enfermedades crónicas relacionadas con la sobrealimentación y ahorrarás dinero. El aumento de los niveles de colesterol, la hipertensión arterial, el ictus y el infarto de miocardio, así como diferentes tipos de cáncer, la diabetes tipo 2, la artrosis, algunas enfermedades inmunitarias o neurodegenerativas, van asociados frecuentemente a la existencia de sobrepeso o a la obesidad.

La obesidad ya ha alcanzado proporciones epidémicas en todo el mundo, y cada año mueren como mínimo 2,8 millones de personas a causa de estas enfermedades, habiéndose triplicado su prevalencia en el intervalo que va desde el año 1976 hasta la actualidad.

En España, según el Instituto Nacional de Estadística (INE), el 39,5 % de las mujeres de entre 55 y 64 años presenta sobrepeso, frente al 49,7 % de los hombres de la misma edad, y que, de este, el 18,8 % de las mujeres tiene obesidad frente al 25,2 % de los hombres. Al estudiar la población de más de 64 años, no se aprecian cambios significativos en los porcentajes, salvo en la obesidad de las mujeres, que aumenta hasta un 26,3 %, superando a los hombres.

Ahora te preguntarás en qué grupo te encuentras, si en el del normopeso, en el del sobrepeso o en el de la obesidad. Si quieres conocer si presentas sobrepeso u obesidad, debes saber cuál es tu índice de masa corporal (IMC). El IMC relaciona el peso y la talla, y puedes calcularlo dividiendo tu peso en kilogramos por el cuadrado de la talla en metros ($kg/m^2$). Según la OMS, el sobrepeso se corresponde con un IMC igual o superior a 25, y la obesidad, a un IMC igual o superior a 30.

Después de lo que nos indican las estadísticas, y viendo la importancia que una dieta adecuada puede tener para tu salud, ha llegado el momento de que seas consciente y adoptes las medidas necesarias. Eres, o has sido, víctima de la desregulación del mercado alimentario y de la maquinaria publicitaria que estimula el consumo de productos procesados y ultraprocesados. Reconoce que también has disminuido tu actividad física; que ya no te desplazas a pie, sino que utilizas el transporte privado o público, y que no te mueves durante una buena parte de tu tiempo, tanto de ocio como de trabajo. Por todo ello, debes cambiar tu tipo de alimentación; de esta manera, podrás evitar la aparición de enfermedades relacionadas con la obesidad o el sobrepeso y asociar este cambio a un ejercicio moderado y a un mejor estilo de vida.

✓ Recuerda, debes comer no solo alimentos adecuados, sino en la cantidad adecuada. Con ello conseguirás una vida más sana y longeva.

✓ Es importante que recuerdes de dónde vienes y cómo has ido adulterando tu dieta. ¡Vuelve a tus orígenes!

✓ No confundas una dieta equilibrada con «estar a dieta».

✓ No bajes la guardia, la obesidad casi se ha triplicado en todo el mundo.

# Sigue una dieta equilibrada

«El hombre es lo que come».

Ludwig Feuerbach

El interés por una dieta sana se remonta al siglo V a. C., cuando Hipócrates enseñaba «que tu alimento sea tu medicina». No voy a complicarte la vida, ya que es fácil perderse entre tanta, tan variada y a veces contradictoria información acerca de cómo debemos alimentarnos. Intentaré simplificar, aunque, como dijo Thomas Fulle, «todo es muy difícil antes de ser sencillo».

Según la OMS, «una dieta saludable ayuda a protegernos de la malnutrición, así como de las enfermedades no transmisibles, entre ellas la diabetes, las cardiopatías, los accidentes cerebrovasculares y el cáncer». Tu dieta debe ser equilibrada y adecuada para satisfacer todas tus necesidades nutricionales, lo que incluye un correcto aporte de energía y nutrientes para el buen funcionamiento de tu cuerpo. El aporte de energía y nutrientes que necesitas varía en función de tu edad, el sexo, tu actividad física, etc., por lo que la ingesta de calorías debe estar en consonancia con el gasto que haces de ellas.

En este capítulo revisaremos los diferentes nutrientes, cuál es su función y dónde puedes hallarlos, así como la

cantidad que debes ingerir según las recomendaciones de
la OMS.


## HIDRATOS DE CARBONO

Según la OMS, es recomendable ingerir entre un 50 y un
55 % de hidratos de carbono, limitando siempre el consumo de azúcar libre a menos de un 10 %. La función de
estos hidratos de carbono es la de almacén y reserva de
energía en forma de glucógeno, que se transformará rápidamente en glucosa cuando se necesite.

Podemos diferenciar entre los carbohidratos simples y
complejos. Los simples tienen sabor dulce y se encuentran
en la fruta, miel, leche, caña de azúcar, remolacha, etc., y se
absorben rápidamente en el intestino.

Los complejos se absorben lentamente y son poco dul-
ces. Están en los cereales, como el arroz, el trigo, el maíz,
la cebada, el centeno o la avena, que deben ser integrales,
ya que de esta forma mantienen sus nutrientes intactos,
incluida la fibra. También puedes encontrarlos en los tubér-
culos, como la patata; en las legumbres, como los garban-
zos, lentejas, judías, guisantes, soja…, e incluso en las frutas
y verduras, aunque en menor cantidad.

Por último, es importante hablar de los azúcares refinados, tan frecuentes en los alimentos procesados y ultraprocesados. El extracto puro de azúcar, procedente de la caña
de azúcar o de la remolacha, puede ser perjudicial, ya que
es liberado rápidamente a la sangre, lo que estimula la liberación inmediata de insulina, pudiendo, a la larga, desencadenar enfermedades como la diabetes tipo 2, enfermedades cardiovasculares u obesidad.

## LÍPIDOS O GRASAS

Nuestra dieta debe contener menos del 30 % de lípidos o grasas. Las grasas podemos clasificarlas en insaturadas, donde podemos diferenciar las monoinsaturadas y las poliinsaturadas; las saturadas, y por último, las trans o hidrogenadas. Debes saber que ingerir grasas insaturadas en lugar de las grasas saturadas te ayudará a reducir los niveles de colesterol en sangre, ya que son capaces de reemplazar parcialmente a los ácidos grasos saturados. Las grasas monoinsaturadas no solo disminuyen el nivel de colesterol malo o LDL, sino que también aumentan ligeramente el colesterol bueno o HDL.

La función principal de las grasas monoinsaturadas, como la de los carbohidratos, es la de generar energía. Estas también son necesarias para la elaboración de hormonas, contribuyen en el transporte de vitaminas (A, D, E y K) y, aunque sea obvio, nos ayudan a regular la temperatura corporal, sirviendo como aislante y como sostén de nuestras estructuras internas. Las encontramos en el aguacate, los frutos secos, como nueces, almendras y cacahuetes; en los aceites de oliva y girasol, y en las semillas, como las de sésamo, girasol o lino.

Las grasas poliinsaturadas no las podemos sintetizar, por lo que solo podemos obtenerlas a partir de la dieta. Forman parte de las membranas celulares y son las precursoras de las prostaglandinas (moléculas mediadoras en la inflamación), regulando también algunos procesos metabólicos del sistema inmune, pulmonar y cardiovascular, donde tienen un papel importante en la prevención de enfermedades cardiovasculares. Estas grasas las conocemos como ácidos grasos esenciales y son el omega 3 y el 6. Ambos se encuentran en las semillas, frutos secos y cereales. El omega 3 se halla también en las grasas de pescados y mariscos.

La ingesta de grasas monoinsaturadas y poliinsaturadas

ayuda a mantener los niveles normales de colesterol en sangre y, según algunos estudios, a aumentar la longevidad.

Luego están las grasas saturadas, que no son buenas para el organismo si se toman en grandes cantidades, por lo que la OMS limita su ingesta a menos del 10 %. Las encontramos en las carnes rojas, los derivados lácteos con alto contenido de grasa, como el queso, crema, helados, leche entera, la manteca y mantequilla, y los aceites de palma y coco. Estas grasas saturadas favorecen el aumento de los niveles del colesterol LDL en la sangre, siendo su acúmulo uno de los principales factores de riesgo de sufrir enfermedades cardiovasculares, ya que tienen un efecto trombogénico.

El consumo de grasas trans o hidrogenadas deberías evitarlo o procurar que no llegue a superar el 1 %, ya que estas no solo elevan el colesterol LDL, sino que también tienden a acumularse en los tejidos, como el músculo cardíaco, produciendo alteraciones en ellos. No superar este 1 % es difícil en las sociedades industrializadas, ya que encontrarás estas grasas en prácticamente toda la bollería industrial; en aperitivos salados, palomitas, patatas fritas y *snacks*; en platos precocinados o fritos, como empanadillas, croquetas, canelones, masas de *pizza*, brisa y hojaldre, incluso en chocolates, cremas y margarinas. Como puedes ver, casi toda la comida procesada.

## PROTEÍNAS

La OMS aconseja añadir a la dieta de un 12 a un 15 % de proteínas. En el estudio publicado por Mingyang Song[48],

---

48  SONG, Mingyang, *et al.* (2016). «Association of animal and plant protein intake with all-cause and cause-specific mortality». *JAMA Internal Medicine*, 176.10: 1453-1463.

investigador de la Universidad de Harvard y del Hospital General de Massachusetts en Boston, se demuestra que las proteínas de origen vegetal son más saludables que las de origen animal. No obstante, si eliges ingerir proteínas animales, Song afirma lo mismo que recomienda la OMS: es mejor elegir carne blanca, como el pollo, o las proteínas del pescado, evitando la carne roja y procesada.

La OMS hace referencia al consumo de sal, que debería estar por debajo de 5 gramos diarios. No olvides que un gran número de alimentos ya llevan sal en su composición.

La ingesta de nutrientes, en cantidad y con calidad adecuadas, potenciarán tu salud, pudiendo revertir tu edad biológica, por lo que te encontrarás y te verás mejor, y, por consiguiente, mejorará también tu edad psicológica, que, como describió Deepak Chopra, «es la que tienes según te sientes». Por este motivo, debes cambiar aquellos malos hábitos alimentarios que has ido adquiriendo e incorporar otros nuevos más saludables.

No olvides que en esta nueva etapa dispones de todo tu tiempo. Debes aprovecharlo para ir al mercado y comprar productos naturales, ecológicos y de proximidad. Sé que, por comodidad, ya que te proponen una gran oferta de productos, y posiblemente por un mejor precio, has cambiado tus hábitos de compra, ahora es el momento de modificarlos.

Actualmente, todo lo referente a la alimentación está de moda, por lo que, si lo haces bien, te puede favorecer, ya que dispones de una mayor oferta de productos ecológicos y de calidad. Recuerdo alguna gran cadena de supermercados en Francia donde la variedad y la calidad de los productos naturales que ofrecían poco tenían que envidiar al mejor de los mercados locales.

Debes realizar la compra escogiendo los productos conscientemente y con ilusión; todo ello te hará sentir bien. Si tienes ocasión, socializa con los vendedores, así convertirás el hecho de comprar en un acto de complicidad, ayudándote a elegir los mejores productos para tu dieta.

No pierdas la oportunidad de acudir a los mercados semanales, incluso de sentarte y observar el espectáculo y a la gente mientras te tomas un café, recuerda la importancia de la *slow life*. Si vas adoptando estos hábitos, en un acto tan simple como ir a comprar comida, conseguirás, sin darte cuenta, cuidar tu alimentación, realizar ejercicio, socializar y disfrutar de la actividad que estás realizando, redundando todo ello en una mejora de tu salud y calidad de vida.

A la hora de decidir cuál va a ser tu dieta ideal, lo primero que debes saber es que no tendrá nada de sofisticado, ya que ha sido la dieta de nuestros padres y abuelos. Según los conocimientos que tenemos hoy en día, la dieta mediterránea, variada, cocinada en casa con productos naturales, es la ideal para el mantenimiento de la salud y, salvando sus diferencias regionales, se asemeja a la que siguen las regiones más longevas del planeta.

Debes disminuir el consumo de carne, especialmente la roja, procurando que provenga de animales criados en libertad, con lo que evitarás que esté saturada de hormonas, pesticidas y antibióticos. Según aconsejan los especialistas, puedes tomar pequeñas porciones de carne, no más de dos o tres veces por semana, evitando o limitando al máximo los productos cárnicos procesados.

El pescado que consumas debe ser pequeño o mediano, con lo que evitarás que hayan estado sometidos a la exposición del mercurio y otras substancias químicas. Intenta que no sea de piscifactoría, ya que es frecuente que se les administren antibióticos y pesticidas.

No dudes en utilizar el aceite de oliva y comer frutos secos. Disminuye el consumo de lácteos, especialmente la leche de vaca y sus derivados, como la nata y la mantequilla, ya que, como hemos visto, son ricos en grasas y azúcar. Consume preferentemente la leche de oveja y de cabra, así como sus derivados, o prueba la leche de soja, coco o almendra, sin azúcares añadidos u otros aditivos, ya que te aportarán las mismas proteínas que la leche normal.

Puedes optar por una dieta vegetariana o vegana, aunque, según describe Dan Buettner en su libro *El secreto de las zonas azules*[49], «la gente que vive más no es la vegana ni la omnívora, sino la pescovegetariana».

Acostúmbrate a ingerir legumbres y cereales integrales, evitando en lo posible los cereales y azúcares refinados. Compra las legumbres secas para cocer, o bien envasadas, pero que no hayan sido enriquecidas con sal. Toma también frutas y hortalizas de temporada, por su acción antioxidante, su aporte de fibra, por ser una fuente casi única de vitamina C y por su alto contenido en agua.

Te alegrará saber que el chocolate negro, el té verde y el café tienen propiedades antioxidantes, así como el vino tinto, por lo que puedes tomarlos con moderación.

Por último, no olvides hidratarte. Según recomienda la OMS, debes consumir de 2 a 3 litros de agua diariamente, aunque las necesidades varían dependiendo de la edad, la dieta y el tipo de actividad física.

La dieta mediterránea te ofrece todos los nutrientes, es simple de preparar, apetitosa y, lo más importante, saludable.

Debes intentar abastecerte de productores o vendedores minoristas, o de comercios de confianza, que te aseguren la venta de frutas y verduras frescas, así como de carne y pescado criado en libertad.

Evita las grasas hidrogenadas o trans, olvídate de los ultraprocesados y evita al máximo los alimentos proce-

---

49 BUETTNER, D. (2020). *El secreto de las zonas azules: Comer y vivir como la gente más sana del mundo.* Ed. Grijalvo.

sados, y si te apetecen pasteles o galletas, prepáralos tú mismo. Basa tu alimentación en una buena materia prima y, si es posible, poco elaborada.

Aprecia el tiempo que le dedicas a la cocina: no solo disfrutarás con ello, sino que te ayudará a realizar ejercicio. Acostúmbrate a comer en casa, así podrás escoger los ingredientes que quieres cocinar, evitarás ingerir aditivos o ingredientes poco saludables y también comer en exceso.

¿Cuántas veces, delante de un menú de dos platos, con bebida y postre, has terminado ingiriendo más cantidad de comida que si hubieras comido en casa?

✓ *Recuerda, una dieta saludable debe ser equilibrada y adecuada para satisfacer todas tus necesidades nutricionales.*

✓ *No olvides que ahora dispones de todo tu tiempo. Aprovéchalo para ir al mercado, cocinar, compartir. Sumérgete en el «slow foot» y la «slow life».*

✓ *La dieta mediterránea, variada, elaborada en casa con productos naturales, es la ideal para el mantenimiento de tu salud.*

# Tan importante es la cantidad como la calidad

«Nunca nos arrepentimos de haber
comido demasiado poco».

Thomas Jefferson

Todos somos conscientes de que tenemos el hábito de comer más de lo que necesitamos, y que, como hemos visto, ello puede desencadenar enfermedades relacionadas con el sobrepeso y la obesidad. Debes llevar una dieta sana, no solo por la calidad de los nutrientes, sino también por ingerir tan solo las calorías necesarias para no ganar peso; en caso contrario, se producirá una acumulación anormal o excesiva de grasa, que puede ser perjudicial para tu salud.

Como te he comentado, la alimentación es uno de los parámetros utilizados para estudiar las causas de la mayor longevidad de algunas poblaciones, y se ha demostrado que más importante que lo que comen, que es variado, es la cantidad de lo que ingieren, ya que se alimentan tan solo según sus necesidades energéticas.

En Japón, que, como ya sabes, es uno de los países más longevos del mundo, después de la Segunda Guerra Mundial, y tras la recuperación económica, los hábitos de alimentación se fueron occidentalizando, incorporando alimentos procesados y ultraprocesados, lo que dio lugar a un aumento de las enfermedades relacionadas con el sobrepeso y la obesidad. Ante este abandono de la dieta tradicional, y a tenor de las consecuencias, el Gobierno nipón dictó, en el 2005, la ley básica del Shokuiku, cuyo nombre proviene de *dieta* (*shoku*) y de *formación integral* (*iku*). Es una ley de educación nutricional que aún está vigente hoy en día y que implica a niños, escuelas y familias. Según la Dra. Kayo Kurotani, responsable del National Institutes of Biomedical Innovation, Health and Nutrition, refiriéndose a los resultados del estudio de Yasuki Kobayashi[50], confirmó que una ingesta nutricional adecuada durante el almuerzo escolar podía ser una de las fórmulas para reducir la obesidad infantil.

La segunda medida impulsada por el Gobierno nipón estaba enfocada a la población adulta. Es la conocida como ley Metabo, que busca controlar el peso de los adultos entre los 40 y 75 años. La ley Metabo se basa en realizar una medición anual del contorno de la cintura, que, según la OMS, no debe superar los 94 cm para los hombres y los 80 cm para las mujeres. Si se sobrepasan esos valores, las empresas están obligadas a motivarlos para que hagan más ejercicio en sus tiempos libres, ofreciéndoles espacio para ello. Como ves, esta medida es de fácil aplicación, por lo que te aconsejo que la pongas en práctica.

A pesar de que estas leyes tienen sus detractores, los diferentes análisis del estado de salud de la población nipona indican que han conseguido reducir notablemente las enfermedades relacionadas con la obesidad y el sobre-

---

50   MIYAWAKI, A.; LEE, J. S., y KOBAYASHI, Y. (2019). «Impact of the school lunch program on overweight and obesity among junior high school students: a nationwide study in Japan». *Journal of Public Health*, 41.2: 362-370.

peso. Actualmente, Japón es uno de los países con las tasas más bajas de obesidad, tan solo un 3,5 %, frente a España, Alemania, Francia e Italia, que tienen un índice de entre el 21 y el 22 %. Reino Unido presenta un 26 % de obesidad en la población, y en Estados Unidos ronda el 33 %. Si estás pensando que los orientales son diferentes, no olvides a los luchadores de sumo con sus casi 200 kg de peso, y recuerda que la genética es responsable, como máximo, de un 20 % y que el resto depende de tu estilo de vida.

A pesar de haber cambiado en parte su dieta, adoptando costumbres occidentales, los japoneses siguen siendo fieles a pequeñas estrategias para evitar comer en exceso. Algunas de ellas las puedes incorporar a tu día a día, ya que son simples y efectivas. Come en platos más pequeños, por lo que tenderás a comer menos cantidad o, lo que es lo mismo, menos calorías. Otra es la de no servir la comida en la mesa, como estamos acostumbrados, sino que la sirven en una barra aparte, por lo que, al alejar la comida, te obliga a levantarte y no facilita servirte de más sin darte cuenta.

Pero lo que más define a la filosofía japonesa a la hora de comer viene heredado de un proverbio del pensador chino Confucio (siglo V a. C.): «Hara Hachi Bu», que, traducido al español, sería: «Deja de comer cuando tu estómago esté lleno al 80 %». Una propuesta similar la encontramos en la medicina tradicional china, que aconseja «comer hasta estar llenos al 70 %».

Hoy en día sabemos que la comida tarda 20 minutos en desplazarse del estómago al íleon y que, una vez allí, se produce la liberación de una hormona digestiva, la leptina, que es la responsable de generar la señal de saciedad en el cerebro, inhibir la ingesta de alimentos y aumentar el gasto energético, para mantener constante el peso corporal.

Debido a este desajuste, cuando nos sentimos llenos al 70 o al 80 %, seguramente ya estamos al 100 %, aunque no seamos conscientes de ello hasta pasados 20 minutos. Esto explicaría que, si comemos hasta sentirnos llenos, al poco tiempo nos damos cuenta de que hemos comido demasiado.

Con los años tenemos menos necesidades de aporte energético, por lo que, de forma natural, deberemos reducir la ingesta de alimentos, adecuando el aporte de nutrientes y calorías a las necesidades de cada momento. Piensa en todas aquellas personas de edad avanzada que conoces y que gozan de buena salud y te darás cuenta de que la mayoría de ellas están delgadas.

Ha habido etapas en mi práctica profesional y docente a las que he dedicado bastante más que 40 horas semanales, y ya sabes que soy incapaz de realizar más de una tarea a la vez. Por este motivo, habitualmente de lunes a viernes, tan solo tomaba una comida diaria por la noche, lo que no me hacía sentir bien, ya que contradecía todas las recomendaciones médicas y dietéticas que conocía, pero, como te he comentado, era incapaz de hacerlo de otra manera.

Uno de mis pacientes, de origen japonés, que en aquellos años regentaba un restaurante de comida mediterránea, cerca de la clínica, conocía mi «hábito», ya que lo habíamos comentado en más de una ocasión. Con los años, el paciente dejó el restaurante y regresó a Japón, por lo que dejó de acudir a la clínica. Años más tarde, volvió a la clínica y me trajo un díptico del Dr. Yoshinori Nagumo, al tiempo que me decía: «Doctor, he pensado mucho en usted y en lo que habíamos hablado sobre su dieta». En el díptico, Yoshinori Nagumo, médico cirujano en Tokio y presidente de honor de la Sociedad Internacional Antiaging, introducía las bases de lo que posteriormente sería su *best seller, Un día, una comida: El método japonés para estar más saludable, prevenir enfermedades y rejuvenecer*[51], donde proponía los benefi-

---

51   NAGUMO, Y. (2016). *Un día. Una comida: El método japonés para estar más saludable, prevenir enfermedades y rejuvenecer*. Grupo Planeta Spain.

cios de realizar tan solo una comida diaria por la noche, ya que, según él, se liberan una serie de sustancias que rejuvenecen y aumentan la longevidad.

Leer este libro me impactó, ya que llevaba años pensando que mi dieta era un desastre, a pesar de encontrarme perfectamente.

El trabajo del Dr. Nagumo me sirve para introducir el tema de la dieta de restricción calórica (RC), que actualmente es causa de muchos estudios y que, entre sus beneficios para la salud, según está descrito, está el de favorecer la longevidad.

Recuerda que yo no te digo lo que tienes que hacer, sino que tan solo te informo de lo que publica la literatura científica, para que tú libremente puedas escoger. De hecho, al disminuir mi carga de trabajo, recuperé, después de muchos años, el hábito de realizar más de una comida al día controlando, eso sí, la cantidad y la calidad de lo que como.

El concepto de «restricción calórica» (RC) fue descrito por McCay y colaboradores[52] en el año 1935, demostrando, por primera vez, que la RC aumentaba la longevidad en las ratas. Numerosos estudios posteriores confirman los beneficios de la RC, tanto en invertebrados como en vertebrados, ya que induce una reducción de radicales libres al disminuir la oxidación celular.

Recuerda que, entre las causas del envejecimiento, está el acúmulo de radicales libres, secundarios a la oxidación celular, por lo que parece demostrado que la RC puede incrementar la longevidad.

La mayoría de los estudios sobre RC se basan en hallaz-

---

52 McCay, Carl M.; Crowell, Mary F., y Maynard, Lewis A. (1935). «The effect of retarded growth upon the length of life span and upon the ultimate body size: one figure». *The journal of Nutrition*, 10.1: 63-79.

gos en especies animales, lo que no permite validarla en los humanos. Llevar a cabo este tipo de estudios sobre personas es difícil, ya que es necesaria la participación de un gran número de sujetos, en un tiempo largo, sometidos a una dieta de RC, mientras mantienen su ritmo de vida normal. Solo de esta manera es posible conseguir una muestra significativa que permita validar los resultados. Por este motivo, son pocos los estudios de que disponemos que nos proporcionen información suficiente.

Por desgracia, sí que se dispone de información de poblaciones pobres, del mal llamado tercer mundo, que sufren una RC severa y a largo plazo, por la falta de recursos, medios y ayuda suficiente. No obstante, estos datos no son válidos a la hora de realizar un estudio de los efectos de la RC y su incidencia sobre la salud y la longevidad, ya que estas dietas bajas en calorías condicionadas por la pobreza normalmente son deficientes en nutrientes esenciales, y además dichas poblaciones presentan una elevada prevalencia de enfermedades infecciosas agudas y crónicas.

Una excepción a este patrón es la generación de más edad de Okinawa, que viven en un estado permanente de RC debido a la pobreza. Sin embargo, gracias a las medidas de salud pública y a la calidad de la dieta en Okinawa, esta población no ha sufrido las carencias del resto de países pobres. En Okinawa es donde se concentran más centenarios por cada 100.000/habitantes del mundo, por lo que la RC ha sido citada como una posible causa de la reducción o enlentecimiento del envejecimiento en humanos.

El primer estudio que se centró específicamente en los efectos de la RC sostenida en humanos fue el ensayo clínico CALERIE[53] (*Comprehensive Assessment of Long-Term Effects*

---

53   Das, Sai Krupa, *et al.* (2007). «Long-term effects of 2 energy-restricted diets differing in glycemic load on dietary adherence, body com-

*of Reducing Calorie Intake)*. Este ensayo forma parte de un amplio estudio en el que están implicados tres centros de investigación, la Tufts University, la Pennington Biomedical Research Center y la Washington University, coordinadas desde la Duke University. El estudio fue iniciado por el National Institute on Aging (NIA) de los Estados Unidos, con el objetivo de obtener información sobre los efectos que podía tener una RC sostenida en humanos.

Cada universidad diseñó un estudio personalizado, coincidiendo tan solo en que los participantes de los tres estudios presentaban sobrepeso. Los de las universidades de Tufts y Pennington tenían edades comprendidas entre los 24 y los 50 años, mientras que los de la universidad de Washington eran de entre 50 y 60 años.

La RC a la que fueron sometidos fue del 20 al 25%. Los de Tufts y los de Washington la siguieron durante 12 meses, y los de Pennington lo hicieron durante 6 meses. El estudio en la primera fase duró desde el 2004 al 2009.

Al finalizar el estudio, se comprobó que todos los participantes presentaban normopeso o ligero sobrepeso, así como que habían mejorado sus marcadores biológicos, que, como sabes, son los predictores de la longevidad, lo que implicaba una mejoría significativa en su estado de salud.

Los resultados de una parte del estudio, publicados en el año 2019 en la revista *Lancet*[54], confirman que la RC es la responsable de la reducción significativa de múltiples factores de riesgo y de enfermedades relacionadas con la alimentación.

---

position, and metabolism in CALERIE: a 1-y randomized controlled trial». *The American journal of clinical nutrition*, 85.4: 1023-1030.

54  KRAUS, William E., *et al.* (2019). «2 years of calorie restriction and cardiometabolic risk (CALERIE): exploratory outcomes of a multicentre, phase 2, randomised controlled trial». *The lancet Diabetes & endocrinology*, vol. 7, n.º 9: 673-683.

Las conclusiones obtenidas por el estudio CALERIE en sus dos fases sugieren los beneficios potenciales de realizar una dieta de restricción calórica moderada, así como numerosos efectos beneficiosos a largo plazo para la salud de la población.

La dieta de RC debe ser equilibrada y suficiente desde el punto de vista nutricional, pero restringida desde el punto de vista del aporte calórico total. Nuestro estilo de vida comporta una ingesta desmesurada de calorías, por lo que debes cambiar tus hábitos. Debes comer menos, restringiendo el aporte de calorías, sin perder la calidad de los nutrientes. Como siempre, menos es más, buscando la calidad frente a la cantidad.

Conoces también los efectos perniciosos para la salud y la longevidad que provoca el sobrepeso y la obesidad, comprobando cómo la RC permite evitar muchas enfermedades relacionadas con nuestra dieta, lo que mejorará tu calidad de vida y aumentará tu longevidad. No obstante, a muchos pacientes, obesos o con sobrepeso, les resulta difícil cumplir una dieta de RC, ya que implica cumplir una dieta todo el día durante muchos días.

Ante este problema, se crearon los regímenes de ayuno intermitente, ya que, más que una dieta en sí, es un protocolo de comidas[55]. El ayuno intermitente se basa en combinar la ingesta calórica diaria normal con un corto período de ayuno, aunque otros autores proponen el ayuno en días alternos, o el ayuno durante dos días a la semana. Sea cual sea el periodo de ayuno, a diferencia de la RC, no se propone la restricción de calorías, sino una ingesta calórica

---

55  TREPANOWSKIT, John F., *et al.* (2017). «Effect of alternate-day fasting on weight loss, weight maintenance, and cardioprotection among metabolically healthy obese adults: a randomized clinical trial». *JAMA Internal Medicine*, vol. 177, n.º 7: 930-938.

normal supeditada a un tiempo determinado para su inges-
tión, tal y como hacía Yoshinori Nagumo.

Estudios como la revisión sistemática, realizada por
Louisa Jane[56], o el metaanálisis, publicado por Leanne
Harris[57], que comparan la RC con el ayuno intermitente,
concluyen que no hay diferencias entre los resultados obtenidos en ambos casos, tanto en lo referente a la pérdida de
peso como a su efecto sobre las variables cardiometabóli-
cas. Los efectos secundarios, por su parte, también fueron
similares en ambos grupos.

Está demostrado que el ayuno intermitente es efectivo
ante enfermedades secundarias a la obesidad o el sobrepeso, pero, a diferencia de la RC, se requiere más investigación para determinar si el ayuno intermitente produce los
mismos beneficios que la RC en la población general sana,
que no padece sobrepeso ni obesidad.

No empieces ninguna dieta sin consultarlo antes con un
profesional, ya que los requerimientos y el estado de salud
de cada uno de nosotros son diferentes; en caso contrario,
puedes correr riesgos importantes para tu salud. El especialista será el responsable de marcarte una serie de pautas
sobre la cantidad de calorías, el tiempo que deberás seguir
la dieta y si es adecuada para ti.

---

56   JANE, Louisa, *et al.* (2015). «Intermittent fasting interventions for the
     treatment of overweight and obesity in adults aged 18 years and over:
     a systematic review protocol». *JBI Evidence Synthesis*, vol. 13, n.º 10:
     60-68.
57   HARRIS, Leanne, *et al.* (2018). «Intermittent fasting interventions for
     treatment of overweight and obesity in adults: a systematic review
     and meta-analysis». *JBI database of systematic reviews and implementation
     reports*, vol. 16, n.º 2:507-547.

✓ *Tenemos el hábito de comer más de lo que necesitamos, y esta es una de las causas más frecuentes del sobrepeso y la obesidad.*

✓ *Contrólate, realiza una medición anual del contorno de tu cintura y controla que esta no supere los 94 cm si eres hombre o los 80 cm si eres mujer.*

✓ *Deja de comer cuando tu estómago esté lleno entre un 70-80 %.*

✓ *Con los años tendrás menos necesidades de aporte energético, por lo que debes reducir tu ingesta de alimentos.*

✓ *Los estudios relacionan la RC con una mejora en los biomarcadores, lo que disminuye tu edad biológica, así como el riesgo de sufrir algunas enfermedades.*

✓ *La dieta de RC debe ser equilibrada y suficiente, desde el punto de vista nutricional, pero restringida en el aporte de calorías.*

✓ *No empieces una dieta de RC sin consultarlo con un profesional.*

# Mantén tu cerebro en forma

> «El cerebro posee la extraordinaria capacidad
> de darte más cuanto más le pides».
>
> Deepak Chopra

A estas alturas del libro ya eres consciente de que, si quieres mejorar tu estilo de vida, debes cambiar aquellos hábitos que no te aportan nada por otros que, como hemos visto, te van a ayudar a mejorar tu salud, tu bienestar, tu edad biológica y, como resultado de todo ello, a ser más feliz en esta etapa de tu vida.

Recuerda que el cerebro es un órgano sobre el que existe cierta polémica acerca de su capacidad de regeneración. Los últimos estudios tienden a confirmar que existe una regeneración celular o neurogénesis parcial en el adulto, tan solo a nivel del hipocampo y la zona subventricular (SVZ), gracias a la acción de las células madre neurales (CMN).

Tal y como también vimos al hablar de la función de las células madre, estas CMN podrían ser la clave, en un futuro, para el tratamiento de enfermedades neurodegenerativas, como el párkinson o el alzhéimer, entre otras.

Desde que el ganador del Premio Nobel en Medicina y padre de la neurociencia Santiago Ramón y Cajal realizara sus investigaciones y espectaculares ilustraciones del tejido cerebral, no se ha avanzado tanto en los estudios sobre la funcionalidad cerebral como en otras áreas de la medicina.

Ramón y Cajal, de joven, quería dedicarse a la pintura, y es un claro ejemplo a tener en cuenta respecto a la importancia de tener un propósito en la vida que te haga fluir.

Pudiendo utilizar la fotografía, aunque no estaba muy evolucionada en aquella época, Ramón y Cajal supo aunar sus dos aficiones, la investigación y la pintura, creando unas increíbles imágenes de los tejidos cerebrales que puedes ver publicadas en el libro de Larry Swanson[58].

El cerebro cuenta con dos mecanismos responsables de su mantenimiento y que le permiten mejorar sus capacidades: la neurogénesis, que ya conocemos, y la plasticidad cerebral o neuroplasticidad, que es la capacidad que tiene para mejorar la comunicación entre sus neuronas, respondiendo a los estímulos a los que está expuesto.

Debido a las limitaciones en la neurogénesis, ya que, como hemos visto, no se da en todo el tejido cerebral, cobra una gran importancia el fenómeno de la neuroplasticidad. Debes saber que, a pesar de lo que se ha creído durante años de que las conexiones neuronales del cerebro humano adulto permanecían fijas y no podían modificarse, hoy en día está demostrado que, tanto en su estructura como en su actividad, el cerebro no es algo fijo, sino que, por el contrario, es muy moldeable. Según afirmaba Ramón y Cajal, «todo ser humano puede ser, si se lo propone, el escultor de su propio cerebro».

Está aceptado que podemos crear nuevas neuronas, nuevos circuitos y conexiones entre neuronas, así como reactivar circuitos antiguos o eliminar circuitos que no se utilizan. Cuando el cerebro está ocupado en un nuevo aprendizaje

---

58  SWANSON, Larry W., *et al.* (2017). *The beautiful brain: the drawings of Santiago Ramón y Cajal.* Abrams.

o en una nueva experiencia, crea nuevas conexiones entre neuronas. La práctica repetida de una actividad, a medida que la vas perfeccionando, va reforzando la comunicación entre las neuronas implicadas. Una mejor comunicación entre las neuronas significa que las señales eléctricas viajan más rápidamente y de manera más eficiente, lo que da como fruto la mejora de las habilidades.

La neuroplasticidad es la principal responsable de mejorar tus capacidades cognitivas, por lo que es importante que estimules tu cerebro realizando actividades nuevas, que te hagan fluir y diferentes a lo cotidiano. Así no solo mejorarás la potencialidad de tu cerebro, sino que le estás incorporando un nuevo aliciente a tu vida.

Debes aprender a gestionar mejor tus emociones y tus pensamientos, ya que ellos también influyen directamente sobre tu estructura cerebral, cambiando tu forma de sentir. Todo ello forma parte de este cambio de estilo de vida que te propongo.

La genética tan solo es el punto de partida, el resto lo vamos modelando nosotros a lo largo de la vida. Recuerda: nunca es tarde para adoptar hábitos más saludables, aprovéchalo, ahora es tu momento.

Como no podemos prever cuál será el deterioro que sufrirá nuestro cerebro con la edad, debes aprovechar esta oportunidad para estimularlo, mejorar sus capacidades y cuidarlo mejor.

El cerebro se comporta de forma muy similar al músculo, pues, bajo entrenamiento, aumenta sus prestaciones. Las diferentes tareas o habilidades que practicamos o aprendemos son gestionadas desde diversas áreas cerebrales, que, al ser estimuladas, producen un incremento de la vascularización, el aumento en la liberación de neurotransmisores y un aumento en su corteza, según nos muestran las imágenes obtenidas por resonancia magnética funcional.

Hasta hace pocos años, se creía que esta capacidad del

cerebro desaparecía a partir de cierta edad, lo que provocaba irremediablemente el envejecimiento progresivo y la pérdida de facultades. Gross, en un estudio publicado en la revista *Nature Reviews Neuroscience*[59], contradice esta idea y propone que en el adulto persiste la creación y el desarrollo de circuitos neuronales completamente nuevos, con elementos nuevos y no utilizados anteriormente, así como la modulación y reestructuración de circuitos y conexiones más antiguas.

Esto nos permite afirmar que, gracias a la neuroplasticidad, el cerebro cambia con las experiencias, pudiendo recibir y procesar mayores cantidades de información cuanto más lo entrenes, sea cual sea tu edad.

El cerebro está en continua renovación para aprender nuevas tareas, acumular recuerdos y generar ideas, lo que nos permite aprender a tocar un instrumento, escribir un libro o aprender un idioma a cualquier edad. El aprendizaje puede ser más lento cuanta mayor sea tu edad, pero estás capacitado para hacerlo y, cuanto más lo ejercites, más fácil te resultará.

No obstante, nadie duda, como reflejan los estudios, que con los años se produce un «encogimiento progresivo» del cerebro. El volumen y el peso disminuyen con la edad, a un ritmo que oscila entre el 2 y el 5 % por década después de los 40-50 años.

A pesar de ello, sorprende que no siempre se obtenga un menor rendimiento de las capacidades, si las comparamos con los jóvenes. Esto es debido a que el cerebro no solo se sirve de las mismas regiones que emplean los jóvenes, sino que utiliza simultáneamente otras regiones que ni los jóvenes ni el resto de ancianos usan. En estos casos, la neuro-

---

59 GROSS, Charles G. (2000). «Neurogenesis in the adult brain: death of a dogma». *Nature Reviews Neuroscience*, 1.1: 67-73.

plasticidad es capaz de reorganizar sus redes para optimizar su rendimiento, siempre y cuando tenga los estímulos suficientes.

Recuerda, el cerebro es plástico y expandible a lo largo de toda la vida. Si lo vas retando, será cada vez más saludable y durante más años. La comunicación o transmisión entre las neuronas implicadas en una actividad determinada se ve reforzada, y las señales eléctricas viajan más rápidamente y de manera más eficiente.

Hasta ahora, seguro que hay zonas de tu cerebro que tienes desaprovechadas, incluso me atrevería a decir que atrofiadas, como le pasa a un músculo que no has utilizado. No te des por vencido, aún estás a tiempo de estimularlas y rejuvenecer tu cerebro.

Ahora es el momento de esforzarte en trabajar tus capacidades y habilidades, ya que has dejado tu actividad habitual, que, en mayor o menor medida, mantenía tu cerebro activo. No dejes de retarlo con actividades que tenías descuidadas o a las que nunca pudiste dedicarles el tiempo suficiente, pero que te gustan y pueden llegar a apasionarte. Nunca es tarde, dispones de todo tu tiempo para hacerlo, por lo que ahora es el momento de volcarte en ellas.

Denise Park[3], profesora en la Universidad de Texas y fundadora del Center for Live Longevity, concluye en su artículo, publicado en la revista *Frontiers in Aging Neuroscience*, que desafiarte con tareas que te generen un esfuerzo es más eficaz para desarrollar tu cerebro que realizar tareas a las que ya estás acostumbrado.

En el estudio de Park participaron 221 adultos, de entre 60 y 90 años, realizando diferentes tipos de actividades, 15 horas a la semana, durante tres meses. Unas requerían un esfuerzo, como adquirir nuevas habilidades (pintura, *patchwork*, aprender un idioma…), y otras, en cambio, no, como escuchar música, leer, etc. Al terminar el estudio, demostró que solo los componentes del grupo que se habían enfrentado a un desafío mental continuo para adquirir nuevas habilidades habían mejorado sus capacidades cognitivas.

A estas mismas conclusiones llegaron los profesores Friedman y Martin tras seguir el estudio que había empezado el psicólogo norteamericano Lewis Terman, de la Universidad de Stanford (California) en el año 1921.

En este estudio intervinieron 1500 niños y niñas, entre los más dotados intelectualmente de varias escuelas del estado, con edades alrededor de los 11 años. A todos ellos se les realizó un seguimiento durante toda su vida. Al morir Terman (1956), otros investigadores continuaron con el proyecto, que a la fecha sigue activo y que es, sin lugar a dudas, el estudio de seguimiento más prolongado en el mundo.

Entre las conclusiones que describen Friedman y Martin en su libro *The longevity project: surprising discoveries for health and long life from the landmark eight decade study*[60], destaca que las personas que habían trabajado un mayor número de horas en un trabajo que les creaba un cierto reto o desafío vivían más tiempo que aquellas que habían tenido un trabajo fácil, que no les requería un gran esfuerzo mental. Recuerda lo que hemos visto al hablar de fluir.

Este y otros estudios corroboran que uno o varios propósitos en la vida, que nos hagan fluir, que nos atraigan y nos creen cierto esfuerzo, no solo van a rejuvenecer nuestro cerebro mediante fenómenos de neuroplasticidad, sino que además nos va a mejorar nuestra calidad y esperanza de vida.

Sabes, por experiencia, que muchas veces hay una contradicción entre lo que es bueno para ti y lo que te apetece hacer. Es posible que te guste hacer las cosas de siempre y

---

60  Friedman, Howard S. y Martin, Leslie R. (2011). *The longevity project: surprising discoveries for health and long life from the landmark eight decade study*. Hay House, Inc.

como siempre, desarrollar las mismas rutinas, porque así no necesitas pensar lo que te permite vivir en piloto automático. Si huyes de situaciones nuevas o que requieren esfuerzo, debes saber que estarás quemando esta etapa que ahora comienza y que puede ser la más plena de tu vida.

Si no cuidas de tu salud a todos los niveles, vas a favorecer un envejecimiento rápido, que terminará limitando tus capacidades, con lo que desperdiciarás esta oportunidad que tienes para darle el sentido que te gustaría a tu vida, y terminarás siendo una carga para los que te rodean.

Gran parte de las actividades que realizan los adultos mayores son sedentarias, solitarias y con muy pocas actividades nuevas, lo que desencadena que pasen gran parte del tiempo sin ninguna dedicación concreta.

Está demostrado que ello favorece la aparición de pensamientos negativos, que se tienden a mezclar con el aburrimiento, la inutilidad, la desmotivación, la marginación o incluso la dependencia. Todos estos factores no solo le quitan sentido a la vida, sino que favorecen la enfermedad, el envejecimiento y la disminución de la longevidad.

Aparte de la importancia de estimular la neuroplasticidad con nuevas actividades, también es importante el ejercicio físico para mantener y mejorar la salud de tu cerebro.

Las actividades físicas, como veremos más adelante, producen múltiples y grandes beneficios, ya que influyen directamente en tu calidad de vida y en tu longevidad, pero lo que seguramente desconocías es su efecto beneficioso sobre el cerebro.

Carl Cotman[61], profesor de Neurología en la Universidad de Indiana y director del Institute for Brain Aging and

---

61    COTMAN, Carl W. y BERCHTOLD, Nicole C. (2002). «Exercise: a behavioral intervention to enhance brain health and plasticity». *Trends in neurosciences*, 25.6: 295-301.

Dementiay, confirma la importancia del ejercicio, no solo para la salud en general, sino para favorecer los fenómenos de neuroplasticidad, especialmente en la edad adulta. En particular, demuestra cómo el ejercicio físico incrementa el flujo sanguíneo cerebral y la disponibilidad de neurotransmisores, produciendo, a la larga, un aumento de la vascularización, la neurogénesis y la plasticidad neuronal.

El ejercicio favorece la atención, la capacidad de concentración, conserva la memoria, la orientación espacial y el equilibrio, y reduce las posibilidades de desarrollar enfermedades cerebrales degenerativas.

Para que este ejercicio físico sea efectivo a nivel cerebral tiene que durar un mínimo de 15 a 20 minutos y ha de ser anaeróbico, lo que implica que nos tiene que acelerar el corazón. Con ello conseguirás mantener el nivel de flujo de sangre al cerebro, evitando el deterioro de los vasos sanguíneos y mejorando la oxigenación de estos tejidos. La falta de oxígeno es una de las principales causas de los procesos degenerativos cerebrales, ya que sus células son extremadamente sensibles a ello.

En las últimas décadas se han empezado a estudiar cuáles son los mecanismos por los que el ejercicio físico también puede actuar mejorando el estado emocional, y el efecto inverso, cómo los pensamientos positivos pueden influir directamente en el estado de salud del cuerpo (*mens sana in corpore sano*).

Hoy en día sabemos que adoptar una actitud positiva ante la vida repercute en una mejor salud cardiovascular, ayuda a acelerar la curación de enfermedades, fortalece el sistema inmunológico y disminuye el riesgo de sufrir enfermedades asociadas a la depresión y al estrés, aumentando las expectativas de vida.

Fréderic Saldmann, cardiólogo francés y médico de medicina preventiva en el Hospital Européen Georges-Pompidou, describe en su libro *El mejor medicamento eres tú*[62] los poderosos recursos, que casi nunca utilizamos, del cuerpo y la mente, y que son los responsables de curar y prevenir muchos síntomas y enfermedades.

La doctora en Ciencias Neurales y Psicología de la Universidad de Nueva York Wendy Suzuki, autora del libro *Cerebro activo, vida feliz*[63], narra en primera persona su experiencia sobre cómo el ejercicio físico mejora el estado de ánimo, no solo de las personas con depresión, sino de las personas normales, especialmente si este ejercicio físico lo aunamos con el ejercicio mental, lo que ella describe como «ejercicio intencional».

Wendy Suzuky llegó a desarrollar un programa basado en un tipo de ejercicio conocido como «intenSati», que combina movimientos físicos con afirmaciones habladas. No es necesario realizar ejercicios de «intenSati» para estimular nuestro cuerpo físico y psíquico, sino que podemos conseguir los mismos beneficios incorporando afirmaciones positivas y motivadoras a nuestro ejercicio habitual.

El ejercicio actúa mejorando la liberación de tres monoaminas que son básicas para disfrutar de un buen estado emocional, la serotonina, la noradrenalina y la dopamina, aparte de aumentar también el nivel de las endorfinas en el cerebro.

La liberación de estas substancias, a las que habría que añadir la liberación de opioides endógenos, explicaría por qué hay personas que pueden llegar a realizar un ejercicio excesivo y continuado, incluso estando lesionadas, llegando a crear adicción.

Los doctores Jeremy Adams y Robert Kirkby[64] publica-

---

62  SALDMANN, Frédéric (2014). *El mejor medicamento eres tú: la salud está en tus manos.* Aguilar.
63  SUZUKI, Wendy (2015). *Cerebro activo, vida Feliz.* Paidós, Barcelona.
64  ADAMS, Jeremy y KIRKBY, Robert J. (2002). «Excessive exercise as an addiction: A review». *Addiction Research & Theory*, 10.5: 415-437.

ron un artículo en la revista *Addiction Research & Theory* en el que demuestran cómo el ejercicio excesivo y continuado puede actuar sobre las vías responsables de los procesos de recompensa, de la misma forma que pueden producirlo algunos psicofármacos u otros comportamientos, como la adicción al juego, al sexo, etc., y que pueden desencadenar en una dependencia severa.

En alguna ocasión te habrá ocurrido, como a mí, que, después de un día de trabajo intenso, cansado y con ganas de volver a casa, te planteas que deberías ir al gimnasio, ya que el último día no asististe por el mismo motivo. Tras hacer el esfuerzo y una vez terminada tu sesión, después de haberte duchado, te sientes increíblemente mejor que si te hubieras ido directamente al sofá de tu casa a descansar. En aquel momento, eres consciente de que el cansancio físico se ha convertido en bienestar, que estás más relajado y que psíquicamente te has recuperado prácticamente al 100 %.

Has podido ver que realizar una actividad que te cree cierta dificultad, junto con el ejercicio físico, no solo te ayuda a mantener las funciones cerebrales, sino que, gracias a la neuroplasticidad, las puedes mejorar, por lo que este debe ser también uno de tus objetivos en estos momentos.

No olvides que una de las causas por las que envejecemos más rápidamente son las limitaciones que nos vamos o nos van imponiendo con la edad. No debemos tomar nuestra edad cronológica como referencia de lo que podemos o no podemos hacer, ni dar por sentado que a la misma edad todos presentamos las mismas dificultades para adaptarnos al medio.

Vamos a vivir más años, por lo que debemos intentar ser jóvenes más tiempo, aunque para ello debamos cambiar algunos de nuestros hábitos y mejorar nuestro estilo de vida. Si dedicas tiempo a ejercitar tu cerebro, te sentirás mejor, aumentarás tus habilidades, tu forma de ver y de valorar la vida, te sentirás más fuerte, seguro, independiente y, gracias a la visión optimista que tendrás, podrás tomar mejores decisiones de cara a tu futuro.

✓ *Tienes la oportunidad de ser el escultor de tu propio cerebro, de ti depende.*

✓ *Rétalo con nuevas experiencias y desafíos, así se mantendrá más saludable y te ofrecerá más prestaciones durante más años.*

✓ *Con el ejercicio físico mejorarás la atención, la concentración, la memoria, la orientación, el equilibrio, y reducirás las posibilidades de desarrollar enfermedades cerebrales degenerativas.*

✓ *Al estimular tu cerebro, ayudarás a la segregación de endorfinas y opioides endógenos, que mejorarán tu estado emocional.*

✓ *Vamos a vivir más años, por lo que debemos intentar ser jóvenes más tiempo, aunque para ello debamos cambiar algunos de nuestros hábitos y mejorar nuestro estilo de vida.*

# Sueño.
# Ajusta tu reloj biológico

«Si el sueño no sirviera a una función absolutamente vital,
sería el mayor error cometido jamás por la evolución».

Allan Rechtschaffen

¿Sabes que nos pasamos durmiendo aproximadamente un tercio de nuestra vida? Allan Hobson, psiquiatra e investigador del sueño, comentó irónicamente que la única función conocida del sueño era curar la somnolencia. Como ya te imaginas, esto no es así.

Las investigaciones muestran que existe una estrecha relación entre los procesos de sueño y el estado general de salud física y psicológica de una persona. Como describe Siegel, en un artículo publicado en la revista *Trends in Neurosciences*[65], el sueño es un proceso fisiológico de vital importancia para la salud integral de los seres humanos.

El sueño es importante para el funcionamiento óptimo de numerosos procesos biológicos, ya que influye en la actividad del sistema inmunitario, en el correcto equilibrio hor-

---

65 SIEGEL, Jerome M. (2008). «Do all animals sleep?». *Trends in neurosciences*, 31.4: 208-213.

monal, en la salud mental y emocional, en el aprendizaje y en la memoria, así como también en la eliminación de toxinas del cerebro, como la beta-amiloide, cuya acumulación está asociada a la enfermedad de Alzheimer.

Es posible que sufras alteraciones, con relación al sueño, debido al cese de tu actividad habitual sumado al cambio de hábitos que implica el desafío de esta nueva etapa. Si es así, puede que te sea difícil coger el sueño, mantenerlo durante la noche, o bien que te despiertes muy temprano y no consigas volver a dormirte. Sea como sea, debes aceptarlo como normal y no preocuparte, ya que necesitas un tiempo de adaptación a la nueva situación. La forma más rápida de superarlo es no preocuparte de ello y adoptar hábitos más saludables antes de acostarte; si lo haces así, seguro que se normalizará pronto.

Recuerda lo que te he repetido desde el inicio del libro: debes volver a tus orígenes, y ello es aplicable también al sueño. Para que puedas entender a qué me refiero, debes conocer qué es y cómo funciona tu reloj biológico.

El reloj biológico es el responsable de hacernos dormir de noche y estar despiertos de día, es decir, es el responsable de nuestro ritmo circadiano. Ahora me preguntarás qué es el ritmo circadiano. Pues es nuestra pauta de sueño-vigilia en el intervalo de 24 horas.

El reloj biológico depende de un grupo de células que están en el hipotálamo y cuya función es dar la señal para iniciar, mantener y finalizar el sueño. En condiciones normales, el reloj biológico está sincronizado con la luminosidad externa, por lo que recibe la información directamente de la retina, activándose al anochecer, lo que estimula la glándula pineal para que empiece la producción de melatonina, induciéndonos el sueño.

Aparte de inducir el sueño, la melatonina estimula la secreción de la hormona del crecimiento, regula nuestro apetito y modula la producción de gonadotropinas, que son las encargadas del desarrollo y funcionamiento de los ovarios y los testículos.

La melatonina también actúa como un potente antioxidante, ya que ayuda a eliminar los radicales libres, que, como sabes, son una de las causas del envejecimiento. Por último, también mejora nuestro sistema inmunológico, ya que aumenta nuestras defensas naturales. Viendo las funciones que la melatonina tiene sobre nuestro organismo, valorarás la importancia que tiene respetar tu reloj biológico.

El químico *sir* Joseph Wilson Swan fue el inventor de la bombilla eléctrica, y, posteriormente, Thomas Alva Edison, el 21 de octubre de 1879, presentó la primera lámpara, que lució durante 48 horas ininterrumpidas. Eres consciente de que la luz artificial nos permite realizar una serie de actividades que hasta entonces tan solo se podían realizar con la luz natural, por lo que estarás de acuerdo conmigo si te digo que ambos científicos son responsables de alterar nuestros hábitos de sueño.

Actualmente, directa o indirectamente, todos somos víctimas de ello, ya que ha propiciado que cambiemos nuestros hábitos nocturnos. Las alteraciones del sueño son debidas a no guardar rutinas, tanto al acostarse, como a la hora de levantarse, sumado a la mala utilización que hacemos de la luz artificial y de los aparatos electrónicos. Estos aparatos, como la televisión, tabletas electrónicas o las pantallas de los teléfonos móviles, producen una luz azul, muy parecida a la luz solar de primera hora de la mañana, por lo que, al estar expuestos a ella, se impide la activación del reloj biológico, retrasándose el sueño.

Ahora es el momento de adquirir un hábito natural en tu sueño-vigilia, que, como con la alimentación, tan importante es la cantidad como la calidad de tu sueño.

Hay personas que duermen cinco horas o menos; otras que precisan más de nueve horas para encontrarse bien, y, por último, la gran mayoría, que duermen un promedio de siete a ocho horas diarias. Por tanto, podemos hablar de tres tipos de patrones de sueño: patrón de sueño corto, patrón de sueño largo y patrón de sueño intermedio.

Algunos investigadores han relacionado la duración del sueño con la longevidad. Daniel Kripke[66], psiquiatra e investigador emérito en la Universidad de California, es el autor de numerosos estudios que relacionan el sueño con la luz brillante, el envejecimiento y el exceso de mortalidad asociado con él. Para realizar el estudio publicado en la revista *Archives of General Psychiatry*[67], recopiló los datos sobre los hábitos de salud de más de un millón de estadounidenses durante seis años. Los resultados evidencian que el menor riesgo de mortalidad se da en las personas que duermen de 7 a 8 horas diarias. Dormir menos de 4 horas o más de 8 horas, según Kripke, aumenta el riesgo de muerte temprana.

A la misma conclusión llegó Masayo Kojima[68] tras estudiar no solo la duración del sueño, sino también la calidad del mismo. Tras recoger y analizar los datos de 5322 individuos, (2438 hombres y 2884 mujeres), con edades comprendidas entre los 20 y los 67 años, los que tenían un patrón de sueño corto, frente a aquellos que dormían un promedio de 7 a 8 horas, presentaban un mayor riesgo de mortalidad.

Respecto al beneficio o no de practicar un hábito tan arraigado en nuestra sociedad como es la siesta, existe diversidad de opiniones según los estudios. El realizado por Arakawa[69] sobre la población de Okinawa constata que

---

66  Kripke, Daniel F., *et al.* (1979). «Short and long sleep and sleeping pills: is increased mortality associated?». *Archives of general psychiatry,* 36.1: 103-116.
67  Kripke, Daniel F., *et al.* (2002). «Mortality associated with sleep duration and insomnia». *Archives of general psychiatry,* 59.2: 131-136.
68  Kojima, Masayo, *et al.* (2000). «Sleep patterns and total mortality: a 12-year follow-up study in Japan». *Journal of epidemiology* 10.2: 87-93.
69  Arakawa, Masashi, *et al.* (2002). «Comparative study on sleep heal-

la mitad de la población adulta de la región de Okinawa duerme la siesta habitualmente. Ello induce a pensar que la siesta podría ser un factor que influye positivamente en la longevidad.

Por otro lado, estudios como el de Bursztyn[70] indican lo contrario. Tras realizar el seguimiento de 276 personas, de las cuales el 68 % dormía la siesta, durante 12 años, el grupo que practicaba la siesta presentó una supervivencia del 64 % frente al 74 % de los que no la practicaban.

A la falta de estudios más concluyentes, te aconsejo tomar en consideración los consejos de la Fundación Española del Corazón, que describe los beneficios de una buena siesta.

Según los informes de la Fundación, la siesta ayuda a disminuir en un 37 % el estrés y el riesgo de padecer enfermedades cardiovasculares, ya que reduce la tensión arterial. También facilita el aprendizaje y aumenta la concentración, facilitando la creatividad, así como el carácter positivo y el estado de ánimo.

Debes tener en cuenta que no se trata de una «siesta de pijama y orinal», como la definía el premio nobel de Literatura Camilo José Cela, sino que su duración no debería exceder los 30 minutos, ya que, de otra forma, podría alterar tu patrón de sueño-vigilia.

Al principio de esta nueva etapa, si sufres dificultades para dormir, te aconsejo que incorpores nuevos hábitos a tu estilo de vida. Anota las tareas pendientes o lo que pueda preocuparte antes de cenar, y así las podrás olvidar hasta el día siguiente y dejarás de pensar en ellas. Después de cenar, dedícale un tiempo a actividades tranquilas, como leer un

th and lifestyle of the elderly in the urban areas and suburbs of Okinawa». *Psychiatry and clinical neurosciences*, 56.3: 245-246.

70  BURSZTYN, Michael y STESSMAN, Jochanan (2005). «The siesta and mortality: twelve years of prospective observations in 70-year-olds». *Sleep*, 28.3: 345-347.

libro, escuchar música, pasear o no hacer nada. Debes evitar la cafeína a partir de media tarde y tomar alcohol por la noche, porque, aunque te induzca fácilmente el sueño, también empeora su calidad.

Vuelve a tus orígenes, como cuando eras pequeño, y sincroniza tu reloj biológico. Desconecta tu despertador y deja fluir el sueño, verás como progresivamente, y sin que intervengas directamente, tu cuerpo irá adoptando un ritmo sueño-vigilia en consonancia con el ritmo circadiano.

---

✓ *Recuerda que existe una estrecha relación entre la calidad y la cantidad de sueño y tu salud física y mental, así como con la longevidad.*

✓ *No te preocupes si al principio sufres alteraciones del sueño, es normal debido al cambio de hábitos en esta nueva etapa.*

✓ *Recuerda que las alteraciones del sueño son debidas a no guardar unas rutinas sanas, tanto al acostarte como al levantarte.*

✓ *Después de cenar, dedícale un tiempo a actividades tranquilas, como leer, escuchar música, pasear o no hacer nada.*

✓ *Deja fluir el sueño y verás como progresivamente, y sin que intervengas directamente, tu cuerpo irá adoptando un ritmo, sueño-vigilia, en consonancia con el ritmo circadiano.*

# Respira para reencontrarte

> «La respiración atenta es una especie de puente
> que conecta el cuerpo con la mente».
>
> Thich Nhat Hanh

Recuerdo haber leído la siguiente frase: «Sin estrés no hay vida». A día de hoy es normal que sufras un mayor grado de ansiedad o estrés del habitual, ya que no puedes dejar de plantearte cómo vas a afrontar tu futuro. Esto es bueno e inevitable, ya que indica que eres consciente de que te enfrentas a una etapa nueva e incierta, y este aumento en tu estado de tensión te va a permitir estar alerta, lo que te ayudará a tomar decisiones.

El estrés es la reacción del organismo ante una situación que capta como insegura, peligrosa, de amenaza o de riesgo, desencadenando una respuesta de lucha o huida. Esta respuesta es generada gracias a la interrelación constante que existe entre nuestro cerebro y el sistema endocrino, provocando la liberación de una serie de hormonas que lo prepararán para hacerle frente.

En estas condiciones se liberan cortisol, andrógenos, adrenalina y noradrenalina, que son las hormonas responsables de aumentar tu ritmo cardíaco y elevar tu tensión arterial, lo que mejora el aporte de sangre a los diferentes órganos. También son responsables de incrementar tus niveles de azúcar en sangre, lo que te proporciona un aumento de energía, así como de engrosar la disponibilidad de sustancias responsables de la reparación de los tejidos, a la vez que frenan otras funciones que no son esenciales.

Estas hormonas permiten enlazar los fenómenos psicofisiológicos de la emoción con el estrés, ya que, ante estas situaciones, también se agilizan tus funciones cognitivas y la respuesta de tu cerebro. Todo ello favorece que puedas dar una mejor y rápida respuesta en el momento.

Como puedes ver, este efecto es beneficioso siempre y cuando te sirva para solucionar, de la mejor manera posible, una situación determinada, pero deja de serlo cuando te supera o se alarga en el tiempo, apareciendo lo que se conoce como «estrés crónico».

Hay una patología o hábito perjudicial, que afecta aproximadamente a un 70 % de la población española, y es la de apretar o rechinar los dientes por la noche, lo que conocemos como «bruxismo». Al principio de mi práctica profesional, los pacientes no me entendían cuando les explicaba que una de las causas del bruxismo que presentaban podía ser el estrés, ya que, según ellos, no tenían motivos para estar estresados. En aquellos años, el estrés tenía una connotación negativa, no como ha ocurrido después, que parece que, si no vas estresado, no estás triunfando. Para que entendieran que el estrés que sufrían, en la mayoría de los casos, no era malo, lo etiqueté de «estrés positivo». Les explicaba que estaban expuestos a multitud de estímulos que los obligaban a una atención constante para dar una respuesta rápida, y que era esta atención constante la que desencadenaba este estado de tensión. Posteriormente, publiqué una editorial en la revista *The Journal of the American Dental Association*, donde introducía el término de «estrés positivo» al hablar de bruxismo y estrés. Hoy en día, el concepto de «estrés positivo» o «eustrés» es un término clínico totalmente aceptado.

Ten en cuenta que todo esto ocurría antes de que fuera habitual utilizar el correo electrónico, y cuando aún no existían los teléfonos móviles ni las plataformas *online* de las que disponemos ahora. Lo normal era revisar el buzón al llegar a casa, para comprobar si había correspondencia, y esperar el momento adecuado para leerla y darle respuesta. Después, y tras ponerle un sello al sobre, debías salir a la calle para echarla en el buzón. Estarás de acuerdo conmigo en que llevábamos una vida más tranquila y que estábamos sometidos a menos estímulos.

Hoy en día, ya no necesitamos estar en casa para recibir o realizar llamadas telefónicas, podemos hacerlo en cualquier sitio y a cualquier hora, lo que nos lleva a que estemos pendientes continuamente de si nos llegan mensajes, de qué dicen las redes, si nos contestan el *email*, etc. Estamos sometidos a más estímulos durante periodos más largos de tiempo, lo que ha cambiado nuestro estilo de vida, provocando, en muchos casos, que estas situaciones de estrés no desaparezcan ni seamos capaces de gestionarlas correctamente, por lo que nos agobian, nos preocupan y llegan a agotarnos.

En estos casos, esta cantidad excesiva y constante de estrés puede tener consecuencias sobre la salud física y mental. Puedes empezar sintiendo una sensación de *disconfort* (tensión muscular, palpitaciones, etc.), lo que ya te indica que tu organismo se está agotando debido al sobreesfuerzo, pudiendo derivar en posibles alteraciones funcionales y/u orgánicas: son las llamadas «enfermedades de adaptación». Estos síntomas que incluyen estados depresivos, alteraciones del sueño, dificultad para concentrarse, agobio, incluso pensamientos suicidas, entre otros, son percibidos como negativos y representan un factor estresante más, por lo que, si no se maneja correctamente, puede llegar a crear un círculo vicioso que puede desembocar en una serie de patologías, como la hipertensión, la insuficiencia cardíaca, la diabetes o la obesidad, etc. Todo ello nos está indicando que se está produciendo un desgaste y un deterioro de nuestro cuerpo que está afectando a nuestra salud.

Es posible que al principio no detectes tu estado alterado o lo aceptes como normal, «debido a tu ritmo de vida», ya que estamos acostumbrados a vivir en este estado de alerta constante y que tu cuerpo dispone de una gran capacidad de adaptación. Una encuesta realizada por la Asociación Americana de Psicología (APA)[71], sobre ciudadanos estadounidenses que presentaban altos niveles de estrés, detectó que el 33 % nunca consultaba con su médico sobre posibles formas de manejar el estrés, por lo que podemos deducir que no reconocían la situación o la aceptaban como normal.

El grado de estrés que sufre una persona es posible medirlo valorando el nivel de las hormonas en sangre, orina y saliva; no obstante, en la mayoría de los casos, este estudio analítico no es viable por razones obvias, ya que aún nos estresaríamos más si tuviéramos que realizar controles periódicos y frecuentes para conocer nuestro estado emocional.

Por este motivo, quiero enseñarte cómo puedes detectar, de una forma mucho más fácil e instantánea, estés donde estés, y por lo tanto más efectiva en tu día a día, si estás sometido a un estado o situación que te está provocando ansiedad o estrés. De esta manera, podrás actuar en el momento, lo que te va a beneficiar en todos los niveles.

Cuando notes ansiedad, nerviosismo, distracción, que te mueves mucho pero no te centras, que no estás en paz y des-

---

71  American Psychological Association (2013). «Healthcare system falls short on stress management».

conoces la causa, debes ser consciente de ello para poder romper el círculo vicioso que te domina, ya que, si no lo haces, aumentará tu nivel de ansiedad e irás empeorando. El secreto para conseguirlo está en la respiración.

Frente a la ansiedad o el estrés, tu abdomen se tensa e impide que los grandes músculos trabajen debido a que están contraídos, como la zona del cuello, hombros o, como te describía antes, la mandíbula. Esto ocasiona que utilicemos tan solo pequeños grupos musculares para respirar, resultando una respiración superficial que provoca una disminución de la captación de oxígeno.

Pensarás que habitualmente no es fácil ser consciente de tu estado de tensión, te diré que no es así. Deja por un momento la actividad que estés desarrollando e intenta inspirar conscientemente hinchando el abdomen. Si te resulta difícil o no te es posible, es que estás tensionado, ansioso o estresado, ya que el aire quiere entrar en los pulmones, pero, aunque presione al diafragma, este no se puede mover.

Durante mis estudios de Medicina, a finales de los setenta, tuve la oportunidad de realizar una práctica voluntaria sobre relajación guiada, dentro de la asignatura de Psiquiatría. Recuerdo que, al finalizar los treinta minutos que duró la sesión, experimenté una extraordinaria sensación de calma y bienestar, por lo que la incorporé a mis rutinas, lo que marcó un antes y un después en mi forma de gestionar las emociones. A partir de aquel día y con la práctica habitual, fui cada vez más consciente del poder que tenía la respiración para detectar y calmar mis estados de tensión.

Me acuerdo de una tarde, después de una jornada agotadora de trabajo, que volvía caminando a casa e intenté respirar conscientemente con el abdomen, pero me costaba. Seguí insistiendo y, sin darme cuenta, mis músculos se fueron relajando a medida que conseguía que mi respiración fuera más y más calmada y «abdominal». Estaba completamente centrado en mi respiración, y en menos de cinco minutos, que es lo que duraba el trayecto, me había apaciguado y había desaparecido la ansiedad. Actualmente, lo tengo incorporado a mi rutina diaria y me sirve para analizar mi estado emocional y detectar si algo me está afectando.

Para que empieces a trabajar la respiración abdominal, tengas la edad que tengas, debes intentar visualizar cómo entra el aire directamente desde tu nariz a tu abdomen, gracias a que tienes «un conducto» que le llega directo desde la nariz. Ya sé que anatómicamente no existe, pero te ayudará visualizarlo.

Puede que no lo consigas y tengas la sensación de que tu abdomen está rígido, ello te está indicando que estás estresado o angustiado; si es así, fuerza conscientemente la dilatación del abdomen al inspirar, lo que te ayudará a relajar el diafragma. Te costará al principio, pero rápidamente notarás cómo se va relajando, empezando a hincharse al inspirar, incluso en muchos casos serás consciente de que aparecen movimientos intestinales, ya que la misma tensión que impedía desplazarse al diafragma estaba impidiendo el movimiento de tus intestinos.

Con este simple ejercicio, el ritmo de tu respiración se irá enlenteciendo, volviéndose más profunda y silenciosa, a la vez que tu mente se irá calmando, incluso tu cuerpo se irá relajando.

Los beneficios obtenidos por la respiración consciente no solo son debidos al hecho de centrar la atención en la respiración, sino que, según el estudio sobre ratones, realizado en la Universidad de Stanford por Kevin Yackle y publicado en la revista *Science*[72], existen 350 neuronas situadas en el tronco del encéfalo, entre el cerebro y la médula espi-

---

72  YACKLE, Kevin, *et al.* (2017). «Breathing control center neurons that promote arousal in mice». *Science*, 355.6332: 1411-1415.

nal, que relacionan la respiración con la respuesta del organismo al estrés. Su misión es la de modular la respuesta del cuerpo al estrés, la ansiedad y el pánico, así como el paso del sueño a la vigilia. Cuanto más rápida es la respiración, mayor es la activación de estas neuronas, siendo mayor la respuesta de estrés del organismo. Una respiración lenta y calmada las activa menos, lo que reduce los síntomas producidos por la ansiedad y el estrés.

Acostúmbrate a utilizar la respiración consciente para detectar y eliminar estos estados de tensión, estrés y ansiedad a los que estamos expuestos, lo que ayudará a mejorar tu salud.

---

✓ *El estrés a corto plazo te puede ayudar a afrontar situaciones de la vida, por lo que se conoce como «estrés positivo» o «euestrés».*

✓ *Debes detectarlo y evitar que se cronifique, ya que, si no, te irá desgastando, pudiendo afectar a tu salud.*

✓ *Haz un alto en tu día a día e intenta respirar conscientemente con el abdomen. Si te es difícil, es que estás tensionado.*

✓ *Visualiza cómo entra el aire directamente desde tu nariz a tu estómago, haciendo que se hinche tu barriga.*

✓ *Acostúmbrate a utilizar la respiración consciente para detectar y eliminar los estados de tensión.*

# Tú y el mindfulness

«Meditar es cultivar nuevas cualidades y
cultivar nuevas formas de ser».

Jon Kabat-Zinn

Durante estas dos etapas de tu vida, tu trabajo y tu día a día
te han llevado a afrontar retos, situaciones difíciles, y a la
búsqueda constante de estímulos, con el convencimiento de
que parar era una pérdida de tiempo. Tu mente está acos-
tumbrada a estar en continua actividad, entre el pasado y el
futuro, reconociendo solo una pequeña porción de lo que
está sucediendo en el presente. Debes saber que todo ello
puede afectar negativamente a tu estado de salud.

La palabra *mindfulness* proviene del inglés y se traduce
como «conciencia plena» o «atención plena». Surge de la
meditación budista *vipassana,* cuyo objetivo es tomar conciencia absoluta del momento presente, lo que nos permite
relacionarnos, de forma directa, con lo que está ocurriendo
en este momento. Es una forma de tomar conciencia de
nuestra realidad y de recuperar nuestra salud y nuestro
equilibrio interno.

Como podrás comprobar, a lo largo del capítulo no hay
ninguna connotación religiosa, sectaria o esotérica en la
práctica de *mindfulness,* y que su beneficio sobre la salud está

demostrado por multitud de estudios científicos que, utilizando medios diagnósticos actuales, nos permiten, entre otras cosas, analizar el funcionamiento de nuestro cerebro. Este fragmento del libro *El milagro de mindfulness*[73], escrito por Thich Nhat Hanh, refiriéndose a las enseñanzas de Buda relacionadas con la atención plena como vía de encuentro con la realidad, te ayudará a entender el concepto de la atención plena.

Cuando un monje camina: estoy caminando. Cuando está sentado, sabe: estoy sentado. Cuando está tumbado, sabe: estoy tumbado... Sea cual sea la postura que su cuerpo adopte, el monje debe ser consciente de esa posición. Ejercitándose así, vive siendo consciente de una forma directa y constante de su cuerpo...

Tú sabes si estás caminando, sentado o tumbado, pero ello no implica que seas consciente de ello. Este es el concepto de atención plena, ser consciente de lo que estás haciendo en este momento.

Jon Kabat-Zinn, padre del *mindfulness*, hijo de un inmunólogo molecular y de una artista plástica, afirma que sus creencias «son una fusión entre la ciencia y el arte», y describe la «atención plena» como «la atención, momento a momento, a la experiencia presente sin hacer juicios y con una actitud de aceptación».

Kabat-Zinn, doctor en Biología Molecular por el MIT, introdujo el *mindfulness* en la práctica clínica de Occidente, al proponer, en el año 1979, a la dirección de la Facultad de Medicina de Massachusetts utilizar la atención plena para beneficiar a los pacientes. El éxito de este proyecto derivó

---

73   HANH, Nhat (2007). *El milagro de mindfulness*, vol. 11. Oniro.

en la creación de la Clínica de Reducción de Estrés en el centro médico de la universidad.

Los primeros resultados de su trabajo fueron publicados en un artículo en la revista *General Hospital Psychiatry*[74]. En el estudio buscaba relacionar el efecto de la práctica del *mindfulness* sobre el dolor. Participaron 51 pacientes con dolor crónico que no habían mejorado con la atención médica tradicional. Tras diez semanas de seguir la técnica de Kabat-Zinn, Mindfulness-Based Stress Reduction (MBSR), el 65 % de ellos mostró una reducción notable del dolor, junto con mejoras significativas tanto en sus estados de ánimo como en sus grados de ansiedad o depresión. Al realizar el seguimiento, observó que estos cambios de mejora se mantuvieron estables en el tiempo. No obstante, el éxito y reconocimiento a su trabajo no le vino hasta el año 1990, tras publicar el libro *Full catastrophe living: The program of the stress reduction clinic at the University of Massachusetts Medical Center*[75], traducido y publicado en castellano en el 2003 por la editorial Kairós[76], siendo actualizado y revisado en el 2016. El Dr. Kabat-Zinn es autor de numerosos artículos y libros en los que expone los beneficios de ejercitar la práctica del *mindfulness,* o la atención plena, no solo en el campo de la medicina, sino también en la vida diaria.

La práctica de *mindfulness* ha sido utilizada en múltiples estudios, demostrándose su eficacia en el tratamiento dife-

74   KABAT-ZINN, Jon (1982). «An outpatient program in behavioral medicine for chronic pain patients based on the practice of mindfulness meditation: Theoretical considerations and preliminary results». *General hospital psychiatry*, 4.1: 33-47.
75   KABAT-ZINN, Jon (1990). *Full catastrophe living: The program of the stress reduction clinic at the University of Massachusetts Medical Center.* 264-273.
76   KABAT-ZINN, Jon (2016). *Vivir con plenitud las crisis: Cómo utilizar la sabiduría del cuerpo y de la mente para enfrentarnos al estrés, el dolor y la enfermedad.* Editorial Kairós.

rentes patologías, problemas físicos y psicológicos, dolor crónico y otros síntomas asociados al estrés.

Britta Hölzel[77], pionera en la investigación de los cambios que se producen en la estructura y función cerebral con la práctica de *mindfulness,* estudió los efectos que la técnica MBSR tiene sobre el cerebro, basándose en el análisis de las imágenes obtenidas por resonancia magnética funcional. Hölzel observó en los integrantes del estudio un aumento en la concentración de materia gris en las regiones del cerebro involucradas en los procesos de aprendizaje, la memoria, la regulación emocional y la toma de perspectiva, entre otras.

El Dr. Florian Kurth, investigador del Departamento de Neurología de la Facultad de Medicina de UCLA, publicó un estudio en la revista *Neuro: open journal*[78] en el que analizaba los cambios estructurales que pudieran producirse en la materia gris de adultos mayores (más de 60 años), tras la práctica de *mindfulness,* durante un periodo de seis semanas. Después de analizar los datos obtenidos, el autor sugiere que la práctica de la atención plena, tras un periodo de tan solo seis semanas, ya produce un efecto generalizado de rejuvenecimiento y prevención del envejecimiento.

En el estudio realizado por Hernández Quintana[79] y publicado en la *Revista Española de Geriatría y Gerontología,* sobre pacientes que padecían alzhéimer en fase avanzada y estaban siguiendo tratamiento farmacológico, se describe

---

77    Hölzel, Britta K., *et al.* (2011). «Mindfulness practice leads to increases in regional brain gray matter density». *Psychiatry research: neuroimaging,* 191.1: 36-43.

78    Kurth, Florian, *et al.* (2014). «Brain gray matter changes associated with mindfulness meditation in older adults: an exploratory pilot study using voxel-based morphometry». *Neuro: open journal,* 1.1: 23.

79    Hernández, Domingo Jesús Quintana, *et al.* (2015). «Estimulación basada en mindfulness en la enfermedad de Alzheimer avanzada: ensayo clínico piloto comparativo de equivalencia». *Revista Española de Geriatría y Gerontología,* 50.4: 168-173.

cómo los pacientes que siguieron técnicas de *mindfulness*, junto con el tratamiento, presentaban una mejor evolución clínica que los que solo seguían tratamiento farmacológico. Otros estudios describen cómo la práctica del *mindfulness* también puede beneficiar, tanto a nivel psíquico como emocional, a los cuidadores de este tipo de pacientes.

Tal como describe Kurth, respecto al efecto rejuvenecedor o de enlentecimiento del envejecimiento que tiene la práctica de *mindfulness*, el estudio publicado por la Dra. Marta Alda[80], en la revista *Mindfulness*, corrobora este efecto al demostrar que la longitud de los telómeros era significativamente mayor en los participantes de la investigación que utilizaban esta técnica. Recuerda que uno de los factores descritos como causa del envejecimiento es el acortamiento de los telómeros. Alda asegura que la meditación continuada puede alargar la esperanza de vida y, además, prevenir el envejecimiento del cerebro.

La práctica del *mindfulness* también potencia la creatividad y la concentración, y ayuda a mejorar la inteligencia emocional, como demuestra el estudio de la Dra. Ramos[81], ya que impulsa la autoconsciencia y el autoconocimiento, lo que nos va a permitir un mejor reconocimiento de las emociones, tanto propias como ajenas, facilitando nuestra relación con los demás.

Como puedes ver, son muchos los efectos beneficiosos del *mindfulness* en el organismo y en nuestra salud, por lo que cada vez hay más centros en todo el mundo dedicados a su estudio.

---

80  ALDA, Marta, *et al.* (2016). «Zen meditation, length of telomeres, and the role of experiential avoidance and compassion». *Mindfulness*, 7.3: 651-659.
81  RAMOS, N. S.; HERNÁNDEZ, S. M., y BLANCA, M.ª José (2009). «Hacia un programa integrado de mindfulness e inteligencia emocional». *Ansiedad y estrés*, 15.2-3: 207-216.

Algunos de los centros de referencia son el Lazar Laboratory de la Universidad de Harvard, el Center for Mindfulness de la Universidad de Massachusetts (Boston), el Center for Healthy Minds de la Universidad de Wisconsin-Madison, el Max Planck Institute for Human Cognitive and Brain Sciences en Alemania, el Oxford Mindfulness Center en el Reino Unido, el Center for Altruism and Compassion for Research and Education de la Universidad de Stanford, el Mind & Life Institute en Charlottesville VA, el Benson Henry Institute for Mind and Body Center del Hospital General de Massachusetts, el Mindful Awareness Research Center de la Universidad de California LA, entre otros.

Hoy en día, la comunidad científica ha demostrado que la práctica de *mindfulness* puede mejorar la salud e influir sobre la longevidad, ya que mejora los marcadores biológicos, mantiene la longitud de los telómeros, aumenta la densidad de la substancia gris del cerebro, favorece la neuroplasticidad, a la vez que previene de sufrir procesos degenerativos cerebrales. También está descrito que puede aumentar la creatividad y la capacidad de concentración, a la vez que potencia la inteligencia emocional y ayuda a eliminar la ansiedad, el estrés, la depresión y el dolor crónico, al aumentar la actividad de la zona prefrontal izquierda, que es la responsable de nuestras emociones positivas.

Ante todos los beneficios que puede aportarte, creo que debes tener clara la importancia de incorporar la práctica del *mindfulness* a tu nuevo estilo de vida. Para aprender la técnica y familiarizarte con ella, puedes acudir a centros especializados, lo que te permitirá, una vez la domines, aplicarla a tu día a día y en cualquier situación.

Si no quieres o no sabes dónde acudir, pero quieres iniciarte en la práctica de *mindfulness,* te describo dos técnicas que, si las vas incorporando a tu rutina, te van a permitir obtener los beneficios que te he descrito, ayudándote a conseguir la paz que anhelas en esta nueva etapa de tu vida.

La más fácil, según mi criterio, es la conocida como «escáner corporal» o *body scan*, aunque también puedes utilizar la respiración como medio para anclarte al presente. El escáner corporal se realiza acostado, con las piernas y brazos separados del cuerpo y las palmas de las manos hacia arriba, de la forma más cómoda posible, ya que permanecerás en esta posición, inmóvil, durante un tiempo. Se trata de visualizar y notar progresivamente cada parte de tu cuerpo, en cada momento y con atención plena, utilizando las sensaciones conscientes que vas sintiendo y analizando en detalle, empezando por la cabeza hasta los pies, o viceversa.

Si practicas la técnica basada en la observación de la respiración, obtendrás los efectos beneficiosos que ya conoces, como la disminución de tus niveles de ansiedad y estrés, pero, además, te facilitará un perfecto anclaje en el momento presente. Para ello, adopta también una posición cómoda, sentado o acostado, y céntrate en la inspiración y la espiración. Te aconsejo que visualices cómo, al inhalar, entra el aire por tu nariz; cómo se hinchan tu estómago y tus pulmones, y cómo, al exhalar, se deshinchan. Siente también los cambios de temperatura del aire en tus orificios nasales, frío al entrar y caliente al salir.

Al practicar cualquiera de las dos técnicas, debes respirar únicamente por la nariz, empezando por sesiones de diez minutos, si te es difícil mantener la concentración, e ir alargándolas progresivamente. Busca un sitio tranquilo, lejos de interrupciones o de ruidos que puedan alterarte. Te aconsejo, al menos al principio, que te ayudes de grabaciones sencillas que te irán guiando y te ayudarán a centrar la atención. Puedes encontrar muchas en la red.

La finalidad de estas técnicas no consiste en conseguir dejar la mente en blanco, ya que tu cerebro, al igual que tu corazón, riñones, etc., no se puede parar, sino que debes buscar centrar la atención en lo que estás haciendo.

Durante la práctica, es normal que acudan a tu mente pensamientos y sentimientos, ya que la mente es inquieta y está en continuo movimiento, lo que te hará perder la atención. No te preocupes ni te des por vencido, con el tiempo aprenderás a observarlos, a reconocerlos sin implicarte en ellos, y los dejarás ir, centrándote, otra vez, en el presente.

Este ser consciente del aquí y ahora puedes aplicarlo paulatinamente a tus actividades cotidianas, a tu nuevo estilo de vida, ya que son muchas las veces que miramos pero no vemos, o que oímos pero no escuchamos.

Puedes practicarlo al caminar (*mindwalk*), centrándote en las sensaciones que obtienes del cuerpo y de tu respiración, o al comer (*mindful eating*), siendo consciente de las texturas, color, gusto y olor de la comida que ingieres y del ritmo de masticación. Intenta hacer conscientes tus actividades habituales incluso, como aconsejo a mis pacientes, al cepillarte los dientes.

✓ *Sé consciente de que tu mente está en continua actividad, viajando del pasado al futuro, y esto te afecta negativamente.*

✓ *El mindfulness te permite aprender a relacionarte de forma directa y serena con lo que está ocurriendo en tu vida, en este momento.*

✓ *Te ayudará a mejorar tu salud, tu edad biológica y tu inteligencia emocional. Favorece tu creatividad y tu capacidad de concentración y te protegerá frente a la ansiedad, al estrés y a la depresión.*

# Sin ejercicio no hay salud

«No dejamos de hacer ejercicio porque envejecemos, envejecemos porque dejamos de hacer ejercicio».

Kenet Cooper

A lo largo del libro, he abordado varias veces la importancia de la actividad física para el cuidado de tu cerebro, como factor de protección para tu salud física, para rejuvenecer o para envejecer lentamente.

Desconozco si eres un asiduo practicante de algún deporte, o lo has sido en otra época. Si tu actividad habitual requería de algún tipo de ejercicio, o bien era sedentaria. Sea cual fuere tu respuesta, ahora es el momento de cambiar alguno de tus hábitos incorporando, al menos, una actividad física a tu nuevo estilo de vida. Con ello mejorarás tu salud, adquirirás una mejor respuesta adaptativa con la edad y tu cuerpo y mente serán más resistentes a las enfermedades.

Debes saber que realizar ejercicio físico de manera regular reduce el riesgo de sufrir enfermedades o incluso de morir de lo que hoy en día son las principales y más graves causas de morbilidad y mortalidad en los países occidentales.

Recientes investigaciones han puesto de manifiesto el

interés que tiene conocer el estado de forma física de una persona, ya que es un excelente predictor, quizás el mejor, de su expectativa de vida y, lo que es más importante, de su bienestar. Blair y colaboradores[82] analizaron la relación existente entre los cambios en la forma física y el riesgo de mortalidad en 9777 hombres, tras realizar dos exámenes físicos en el intervalo de cinco años.

Al finalizar los cinco años, los que mantuvieron una condición física adecuada o mejoraron su condición física tenían menos probabilidades de morir por todas las enfermedades asociadas al sedentarismo, que, como verás, son la mayoría, que los que no estaban en forma.

Myers[83] publicó un estudio en el que confirma que la capacidad máxima de ejercicio que es capaz de realizar un individuo es el mejor predictor de su riesgo de muerte, más que su propia edad.

Ya vimos los efectos beneficiosos que el ejercicio tiene sobre el cerebro. Recuerda los estudios de Cotman y Berchtold[84], en los que demuestran que el ejercicio físico continuado puede mejorar la salud al incrementar el flujo sanguíneo cerebral y la disponibilidad de neurotransmisores, lo que favorece la neurogénesis y la neuroplasticidad.

Sabes que el ejercicio físico favorece la atención, la capacidad de concentración, la conservación de la memoria y la orientación espacial, junto con el mantenimiento del equi-

82   BLAIR, Steven N., *et al.* (1995). «Changes in physical fitness and all-cause mortality: a prospective study of healthy and unhealthy men». *JAMA*, 273.14: 1093-1098.
83   MYERS, Jonathan, *et al.* (2002). «Exercise capacity and mortality among men referred for exercise testing». *New England journal of medicine*, 346.11: 793-801.
84   COTMAN, Carl W. y BERCHTOLD, Nicole C. (2002). «Exercise: a behavioral intervention to enhance brain health and plasticity». *Trends in neurosciences*, 25.6: 295-301.

librio, reduciendo en un 32 % las posibilidades de desarrollar enfermedades cerebrales degenerativas.

Son muchos los estudios que también relacionan el ejercicio físico con la mejora de los patrones del sueño y el estado de ánimo, gracias a la liberación de endorfinas, ya que estas reducen la ansiedad y el estrés, promoviendo el sentimiento de bienestar y la autoestima.

Antes de insistir en los beneficios que tiene la actividad física, es preciso diferenciar varios conceptos, que, aunque están relacionados entre sí y dependen los unos de los otros, son diferentes: la actividad física, el ejercicio físico, el ejercicio invisible y la forma física o condición física.

Cuando te hablo de actividad física, me refiero a cualquier movimiento que realice tu cuerpo gracias a la musculatura y que requiere de un cierto gasto energético. Dentro de la actividad física, podemos diferenciar el ejercicio físico y el ejercicio invisible.

El ejercicio físico se practica de manera intencional y más o menos sistematizada. En este capítulo te hablaré del beneficio de realizar diferentes tipos de ejercicio físico. Los he dividido en dos grupos.

El primer grupo está relacionado tan solo con la práctica de una actividad física, siempre y cuando esta sea de bajo impacto, como caminar o la marcha nórdica, montar en bicicleta, la natación, el *aquafitness* y el baile. No solo son ejercicios de bajo impacto, sino que trabajas simétricamente gran parte de tu cuerpo. Hayas hecho o no ejercicio y sea cual sea tu forma física, estás capacitado para realizarlos, y todos ellos pueden ofrecerte los beneficios esperados en esta etapa de tu vida.

El segundo grupo está formado por ejercicios basados no solo en mantener el tono muscular, la elasticidad y el equilibrio postural, sino también la estabilidad mental, ya que para realizarlos deberás ser más consciente de tu cuerpo que con los del primer grupo. Dentro de este grupo te hablaré del yoga, del *tai chi chuan*, del *chi kung* y del pilates.

El ejercicio invisible, a diferencia del ejercicio intencional, engloba todas aquellas actividades y tareas que realizas en tu vida diaria y que requieren de un mayor o menor grado de actividad física e incluso esfuerzo físico. Entre ellas, las más frecuentes son el desplazarte a pie, subir escaleras, las tareas del hogar, el jardín, etc. Este tipo de ejercicio suave y constante es fundamental para el mantenimiento de tu salud.

Por último, tu forma física o condición física es la capacidad que tienes para realizar ejercicio y forma parte del conjunto de biomarcadores responsables de tu edad biológica, incluso de tu esperanza de vida, como hemos visto en los estudios de Blair y Mayers.

En la práctica del ejercicio intervienen prácticamente todos los sistemas, empezando por el musculoesquelético, responsable del movimiento y la fuerza, que a su vez depende del sistema cardiorrespiratorio, encargado del aporte de oxígeno a través de la sangre. También intervienen el sistema psiconeurológico, que controla la coordinación de los movimientos, y el sistema endocrino y el metabólico, que segregan una serie de substancias que actúan directamente sobre el cerebro y el resto de órganos, activando el metabolismo y la liberación de hormonas.

Todas estas funciones actúan de forma encadenada, dependiendo las unas de las otras, por lo que el realizar una actividad física adquiere una gran importancia, de cara a tu estado de salud, ya que condiciona tu edad biológica, siendo la responsable de protegerte frente a las enfermedades, favoreciendo tu longevidad.

Para poder obtener estos beneficios, debes realizar estas actividades de forma habitual y adecuada, dependiendo de tu edad, de tu estado de salud y de tu condición física.

Debes saber que las enfermedades cardiovasculares son

la principal causa de mortalidad en España. Para la prevención de estas patologías, el ejercicio físico y una dieta equilibrada son tus mejores aliados. En Europa se calcula que estas enfermedades son las responsables de 4 millones de fallecimientos al año, y su prevalencia está en edades comprendidas entre 65 y 94 años, duplicándose en los varones y triplicándose en las mujeres, respecto a la prevalencia entre 35 y 64 años.

El ejercicio físico habitual ayuda a controlar la hipertensión arterial, disminuye el riesgo de sufrir una cardiopatía isquémica, así como otras enfermedades cardiovasculares. Reduce el riesgo de desarrollar sobrepeso y obesidad, disminuyendo el acúmulo de grasas en sangre, lo que nos protege ante la diabetes y sus complicaciones, tal y como hemos visto al tratar la importancia de la dieta para la salud.

La práctica del ejercicio físico también se relaciona con una disminución en la incidencia de cáncer, como el de colon, mama o próstata, y con el refuerzo del sistema inmunitario, lo que te hace más resistente frente a enfermedades y agresiones externas.

Por último, vale la pena recordar que, al ayudarnos a controlar el peso, mejoramos nuestra imagen corporal, y no me refiero a presumir de abdominales, sino que evita que presentemos barrigas hinchadas o espaldas curvadas, que nada nos ayudan y que no solo afectan a nuestra imagen y a nuestra autoestima, sino también a nuestra fisiología y a la salud del sistema musculoesquelético.

Con los años, es muy importante preservar nuestro sistema musculoesquelético, ya que la tendencia es perder masa y tono muscular, lo que se conoce como «sarcopenia». Este término fue descrito por Irwin Rosenberg en uno de sus artículos, publicado en la revista *The Journal of nutrition*[85], como «la pérdida de masa, potencia y fuerza muscular».

Tomando como base las conclusiones que expone David D. Thompson en su artículo «Envejecimiento y sarcopenia»[86], la pérdida de masa y de función muscular depende de tu nivel de envejecimiento, de tu dieta, de un estilo de vida sedentario, de tus hábitos hasta ahora, incluso de la presencia de enfermedades crónicas. En definitiva, de tu edad biológica.

Es difícil valorar la prevalencia de la sarcopenia entre la población, ya que no hay un consenso sobre los síntomas que debe presentar el enfermo, como indica el metaanálisis realizado por la Dra. Alexandra Mayhew[87], tras revisar 109 artículos en los que llegó a identificar ocho descripciones diferentes de las características que deberían presentar los posibles afectados. Debido a ello, según cual fuera esta descripción y los signos que debían presentar, la prevalencia oscilaba entre el 9,9 y el 40,4 % de la población.

En lo que sí hay consenso es en que afecta más a sujetos institucionalizados que a aquellos que viven en la comunidad, y que es más frecuente en mujeres que en hombres. Esto se explica por la mayor autonomía de que disponen los individuos que viven en comunidad frente a los institucionalizados.

No te desanimes, si no te has cuidado lo suficiente hasta ahora, aún estás a tiempo de cambiar tus hábitos. Según

85  ROSENBERG, Irwin H. (1997). «Sarcopenia: origins and clinical relevance». *The Journal of nutrition*, 127.5: 990S-991S.
86  THOMPSON, David D. (2011). «Envejecimiento y sarcopenia». *Revista Metabolismo Óseo y Mineral*, 9.4: 140-1.
87  MAYHEW, A. J., *et al.* (2019). «The prevalence of sarcopenia in community-dwelling older adults, an exploration of differences between studies and within definitions: a systematic review and meta-analyses». *Age and ageing*, 48.1: 48-56.

Rosa Burgos[88], se ha comprobado que el ejercicio físico es capaz de revertir la sarcopenia, incluso en personas con edades muy avanzadas y con un importante deterioro funcional.

Seguro que eres consciente de que, capítulo tras capítulo, te estoy dando motivos para que cambies tu estilo de vida, buscando una mayor salud física y emocional, una mayor longevidad y una mejor calidad de vida.

La actividad física te ayudará a fortalecer los huesos y a mantener la densidad ósea, protegiéndote frente a la osteoporosis, a la vez que te ayudará a mantener las articulaciones más plásticas y resistentes, retrasando los procesos degenerativos.

Al realizar una actividad física de manera habitual, contribuirás a mantener tu independencia, lo que te permitirá seguir disfrutando de una buena calidad de vida. Mejorarás tu fuerza y flexibilidad, tu equilibrio, tu movilidad y tu desempeño funcional. Todo ello hará que disminuya el riesgo de sufrir accidentes, como las caídas y sus consecuencias, al mejorar tu coordinación y tu respuesta neuromotora.

El sedentarismo, asociado a la mala alimentación, es actualmente una de las principales causas de mortalidad. Ello ha llevado a que los principales organismos de salud de los países desarrollados pongan en marcha campañas agresivas, destinadas a fomentar la actividad física entre sus ciudadanos.

El Departamento de Salud Norteamericano situó la actividad física como el primero de los diez indicadores de salud en su agenda de trabajo, incluso por delante del sobrepeso, la obesidad y el tabaco. Según la Encuesta Nacional de Salud de España (ENSE), realizada por el Ministerio de

---

88   BURGOS PELÁEZ, Rosa (2006). «Sarcopenia en ancianos». *Endocrinología y Nutrición*, 53.5: 335-345.

Sanidad, más de un tercio de adultos españoles no cumplen con las pautas de actividad física que propone la OMS para los mayores de 64 años.

La OMS recomienda empezar realizando un mínimo de 150 minutos semanales de actividad física aeróbica moderada (caminar, marchar, bicicleta, natación, etc.), o bien no menos de 75 minutos semanales de actividad aeróbica vigorosa, o una combinación equivalente entre moderada y vigorosa en sesiones de 110 minutos como mínimo.

Con el tiempo, y gracias al entrenamiento, lo ideal sería aumentar hasta 300 minutos semanales la actividad física, mediante ejercicios aeróbicos de intensidad moderada, o practicar 150 minutos semanales de forma vigorosa, o bien una combinación equivalente entre moderada y vigorosa.

Aparte de estos ejercicios aeróbicos, también es importante realizar actividades de fortalecimiento de los grandes grupos musculares, dos o más veces a la semana.

O'Donovan[89] realizó un estudio para establecer si había relación entre la práctica o no de ejercicio y la muerte prematura, las patologías cardiovasculares o el cáncer. Los datos fueron recogidos entre los años 1994 y 2012.

Para ello revisó 11 estudios longitudinales, obteniendo una muestra de 63.591 participantes, todos ellos mayores de 40 años, y de los que el 44 % eran mujeres. Los repartió en cuatro grupos: los inactivos (62,8 %), que no realizan ninguna actividad física y formaban el grupo control; los insuficientemente activos (22,4 %), que seguían las recomendaciones de la OMS, pero no cumplían con las 150 horas semanales; el grupo de deportistas de fin de semana (3,7 %), que solo realizaba actividad física uno o dos días a

---

89  O'DONOVAN, Gary, *et al.* (2017). «Association of "weekend warrior" and other leisure time physical activity patterns with risks for all-cause, cardiovascular disease, and cancer mortality». *JAMA Internal Medicine*, 177.3: 335-342.

la semana, y, finalmente, los del grupo regularmente activos (11,1 %), que sí cumplían con las recomendaciones de la OMS.

Al valorar el riesgo de muerte prematura, los regularmente activos presentaron un 35 % menos de riesgo, frente al 34 % de los insuficientemente activos o el 30 % de los deportistas del fin de semana.

Ante el riesgo de muerte por patología cardiovascular, los que realizaban actividad física regularmente presentaban un 41 % menos de incidencia, frente a un 40 % de los del fin de semana y los insuficientemente activos.

Por último, frente al riesgo de mortalidad asociada al cáncer, los que realizaban actividad física regular presentaban un 21 % de reducción de riesgo, frente al 18 % del que presentaban los del fin de semana o un 17 % de los que eran insuficientemente activos.

Este estudio demuestra la importancia de realizar un ejercicio físico habitual para reducir la mortalidad por todas las causas, las enfermedades cardiovascular o el cáncer.

Ahora que dispones de tiempo, organiza tu horario para poder realizar un ejercicio físico de forma habitual, según las recomendaciones de la OMS, aunque, antes de ponerte a ello, si no eres un practicante habitual, debes consultar con un médico para informarle sobre la práctica que vas a realizar.

Si, debido a tu estado de salud, no te es posible realizar un ejercicio habitual, no debes caer en el sedentarismo, sino seguir manteniéndote activo hasta donde te sea posible. Recuerda que la falta de actividad, o el sedentarismo, es una de las principales causas de enfermedad, envejecimiento, pérdida de autonomía y calidad de vida, redundando en una disminución de la longevidad.

✓ *Recuerda la importancia que tiene realizar una actividad física habitualmente como factor de protección de tu salud física y mental, lo que te va a permitir rejuvenecer o envejecer lentamente.*

✓ *Tu forma física es un excelente predictor, quizás el mejor, de tu expectativa de vida.*

✓ *Realizar ejercicio físico de forma habitual reduce el riesgo de desarrollar sobrepeso y obesidad, disminuyendo el acúmulo de grasas en sangre, lo que nos protege ante la diabetes, enfermedades cardiovasculares, osteoporosis, etc.*

✓ *Te ayudará a mantener tu independencia, lo que te permitirá seguir disfrutando de una buena calidad de vida.*

✓ *Previene ante la depresión y la ansiedad, y te ayudará a reducir tu nivel de estrés.*

✓ *Tu forma física condiciona tu edad biológica, tu edad real y, consecuentemente, tu longevidad, siendo un factor de protección ante la muerte prematura.*

# Tus actividades físicas de bajo impacto

«Los que piensan no tener tiempo para el ejercicio, más tarde o temprano, tendrán que hacerse tiempo para la enfermedad».

Edward Stanley

## CAMINAR Y MARCHA NÓRDICA

Poco nuevo te puedo contar sobre las ventajas de caminar, ahora que ya conoces los beneficios de realizar un ejercicio continuado. Intenta desplazarte siempre andando, evitando el transporte público o privado, el ascensor o las escaleras mecánicas.

Si te planteas salir habitualmente a caminar, te aconsejo que invites a otras personas, ya que el ejercicio será más agradable y también te obligarás a ello. Si tienes la suerte de tener un perro, sácalo a pasear tranquilamente, será un motivo más para que los dos realicéis ejercicio. Intenta buscar un lugar agradable, que te apetezca, o busca una finalidad que te motive, como acudir al mercado, conocer un nuevo barrio, visitar a los amigos, etc.

Si tu entorno no te lo permite, puedes realizar este ejercicio con tranquilidad, en casa o en el gimnasio, gracias a las cintas para andar, pero, siempre que puedas, intenta salir, relacionarte y conocer nuevos entornos, ya que, a la larga, estarás más motivado.

La marcha nórdica o *nordic walking* se remonta a finales de la década de los noventa, cuando el monitor deportivo finlandés Marko Kantaneva[90] publicó un método de marcha con bastones inspirado en el esquí de fondo.

Es un deporte adecuado para todo el mundo que pueda caminar, ya que se trata de una actividad suave y que permite adaptarla a todas las capacidades físicas. Recuerda que caminar es el ejercicio mínimo básico para mantener una vida sana y activa. La marcha nórdica se asemeja al caminar, pero con la ayuda de unos bastones especiales. Gracias a ellos, el ejercicio es más completo, ya que se trabajan tanto los grupos musculares superiores como los inferiores, lo que redunda en un mayor gasto energético.

Debes saber que con una buena técnica, puedes llegar a implicar hasta el 90 % de los músculos de tu cuerpo.

El movimiento de los bastones amplifica el movimiento natural de los brazos, haciendo trabajar los músculos de las manos, los hombros, los brazos y los abdominales, además de los glúteos y los músculos de los muslos y de los pies.

A diferencia de correr, el *running* o el *jogging*, la marcha nórdica y el caminar no son ejercicios agresivos para tus tobillos, rodillas o espalda. También son cuidadosos con las articulaciones, por ello están considerados como deportes de bajo impacto, al contrario de lo que ocurre al correr. Debido al uso de los bastones, la marcha nórdica, aparte de tonificar los músculos, favorece la flexibilidad, el equilibrio y la coordinación entre los brazos y las piernas.

---

90 Kantaneva, Marko (2005). *Nordic walking-das Original.* Meyer und Meyer.

## IR EN BICICLETA

Ir en bicicleta no solo te permite realizar un ejercicio físico intencional, sino también invisible, siempre y cuando la utilices habitualmente para desplazarte.

Me fascina ver personas de edad avanzada cuyo medio de transporte habitual aún es la bicicleta. Ir en bicicleta te permite ahorrar, preservar el medioambiente, incluso mejorar tus relaciones sociales, ya que interaccionas con el entorno más fácilmente.

Fanny Petermann[91] demuestra en su estudio que, utilizando la bicicleta como transporte habitual, se puede llegar a reducir hasta en un 40 % el riesgo de desarrollar un cáncer, así como de padecer enfermedades cardiovasculares o de sufrir una muerte prematura.

Aparte de los beneficios que produce el ejercicio continuado, la bicicleta nos aporta el fortalecimiento de la musculatura de la zona lumbar y de las extremidades inferiores, tonificando los cuádriceps y los isquiotibiales. Al ser un deporte de bajo impacto, también nos protege las rodillas y el resto de articulaciones.

## NATACIÓN Y *AQUAFITNESS*

La natación es otra de las opciones a la hora de escoger un ejercicio físico intencional, permitiéndote movilizar casi todos los grupos musculares sin generar ningún traumatismo. Durante la natación realizas movimientos armónicos

---

91  PETERMANN, Fanny, *et al.* (2018). «El transporte activo: podría reducir hasta en un 40% el riesgo de desarollar cáncer, enfermedades cardiovasculares y mortalidad prematura». *Revista Médica Clínica Las Condes*, 29.1: 101-102.

contra la resistencia que te ofrece el agua, lo que evita el desgaste de las articulaciones.

La gran diferencia respecto al resto de ejercicios estriba en que estás dentro del agua, por lo que disminuye el efecto de la fuerza de la gravedad, lo que resulta beneficioso para tus estructuras de sostén.

Esta ingravidez libera de presión las articulaciones, favoreciendo la flexibilidad y la movilidad articular. Al moverte dentro del agua, tu cuerpo está soportando una resistencia constante, lo que facilita también que tus músculos trabajen equilibradamente.

Otro de los beneficios de la natación viene proporcionado por la menor temperatura del agua respecto a la de tu cuerpo, lo que, sumado a la presión hidrostática a la que estás sometido, provoca un efecto de masaje sobre los vasos que aumenta y facilita la eficacia cardiovascular.

Sumergirte en el agua no solo te permite nadar, sino que puedes utilizar la resistencia que ofrece para andar, mover el resto de musculatura e incluso saltar, sin que se produzca el traumatismo que se ocasionaría fuera de ella. El último de los efectos beneficiosos de la natación es que te obliga a coordinar tu respiración con los movimientos que realizas.

De joven había entrenado, participando en competiciones nacionales e internacionales, formando parte de la selección catalana, por lo que es el deporte en el que me encuentro más cómodo y que nunca he dejado de practicar. No obstante, no es el esfuerzo que realizo mientras estoy nadando lo que más me satisface, sino que lo que más agradezco de la natación es la sensación de aislamiento que me produce el estar sumergido dentro del agua. Este aislamiento, sumado a la respiración sincronizada con los movimientos, me inducen un estado de paz que difícilmente alcanzo con otros ejercicios fuera del agua.

Hace unos años descubrí el *walkman* acuático, lo que favorece que me traslade a un estadio superior, al permitirme escuchar música mientras voy nadando. Te aconsejo que lo pruebes, ya que aúnas los beneficios que te ofrece la música con los de la respiración y el ejercicio físico.

## BAILAR

Kathrin Rehfeld[92] realizó un estudio para analizar si es mejor bailar o practicar un deporte. Para ello, hizo el seguimiento durante 18 meses de un grupo de adultos de 68 años de media. Previamente, los dividió en dos grupos, uno que practicaba la marcha nórdica y otro que seguía sesiones de baile. Al principio y al final del estudio, realizó un análisis psicomotor y una resonancia magnética funcional a los integrantes de los dos grupos, detectando en ambos un aumento del volumen del hipocampo, lo que confirmó que realizar un ejercicio favorece la neurogénesis y la neuroplasticidad, aunque los integrantes del grupo que practicaban sesiones de baile presentaban también una mejoría en su balance corporal que no presentaban los del otro grupo.

Tras el estudio, Rehfeld afirma que el baile, a diferencia de otros ejercicios físicos, requiere de la integración y coordinación de la información sensitiva proveniente de diferentes circuitos, como el auditivo, el de la estabilidad, que, junto con los visuales y los somatosensitivos, son necesarios para poder ejecutar, de forma precisa, la actividad motora que implica bailar.

En otro estudio, Albelay[93], profesor de la Facultad de

---

92  REHFELD, Kathrin, *et al.* (2017). «Dancing or fitness sport? The effects of two training programs on hippocampal plasticity and balance abilities in healthy seniors». *Frontiers in human neuroscience*, 11: 305.

93  ALBELAY, Belkys Lázara Balmaseda (2010). «La bailoterapia, una opción saludable y divertida para elevar la calidad de vida de las

Cultura Física y Deportes Nancy Uranga Romagoza en Pinar de Río (Cuba), hace una apología de lo que él denomina la «bailoterapia», refiriéndose a la utilización del baile como terapia.

Bailar, aparte de producir los beneficios ya descritos, mejora el estado de humor, reduce el estrés, la ansiedad y la depresión, ya que ayuda a expresar las emociones. Albelay también incide en que el baile es un buen método para superar la soledad y la timidez, ya que facilita establecer nuevas relaciones, fomentando indirectamente la confianza en uno mismo y la claridad de pensamiento.

✓ *Intenta ir siempre andando. Es el mínimo ejercicio que debes realizar si quieres mantener tu calidad de vida.*

✓ *El uso de los bastones en la marcha nórdica te ayudará a mantener la flexibilidad, el equilibrio y la coordinación entre los brazos y las piernas.*

✓ *Utiliza la bicicleta como transporte habitual.*

✓ *Recuerda que la ingravidez que supone estar dentro del agua libera de presión tus articulaciones.*

✓ *Sumergirte en el agua no solo te permite nadar, sino que puedes utilizar la resistencia que ofrece para andar, mover el resto de la musculatura e incluso saltar sin sufrir impacto.*

personas de cualquier edad». *PODIUM, Revista de Ciencia y Tecnología en la Cultura Física*, 5.2: 165-175.

✓ *El aislamiento que sientes al nadar asociado a la respiración facilita el estado de relajación.*

✓ *El baile mejora tu balance corporal. La música y el movimiento te ayudarán a expresar tus emociones.*

# Mantén tu equilibrio físico y mental

«No importa lo profundo que llegues en una postura; lo que importa es quién eres cuando llegas allí».

Max Strom

El yoga, el *tai chi chuan*, el *chi kung* y el pilates son técnicas que contribuyen a mejorar el equilibrio, la flexibilidad y el tono y la fortaleza musculares, a la vez que aportan un cierto estado de relajación. También son actividades físicas conscientes y de bajo impacto, con todos los beneficios ya descritos para tu salud física y mental, aunque se diferencian de ellas porque sus movimientos son controlados, lentos, precisos y siempre acompañados por una respiración consciente.

## TAI CHI CHUAN

El *tai chi chuan* (TCC) se trata de una disciplina que combina conocimientos de las artes marciales con la meditación y técnicas de respiración. Se basa en movimientos o ejercicios lentos y suaves, realizados de manera natural, relajada, suelta y fluida. Al practicarlo, se trabajan todos los músculos del cuerpo, buscando potenciar la fuerza, la flexibilidad y el equilibrio.

El TCC implica realizar unos movimientos sincrónicos, siguiendo una secuencia determinada, acompañados siempre de una respiración lenta y profunda. Los movimientos, en la práctica de TCC, se centran en el eje marcado por la pelvis y la columna.

Hay otra técnica, el *chi kung* o *qi gong*, que es similar a la del TCC, aunque menos conocida. Se caracteriza porque en esta los movimientos son más sencillos, por lo que te puede ser útil para iniciarte en la práctica del TCC.

El TCC y el *chi kung*, junto con el yoga, proporcionan una disminución del estrés y la ansiedad muy superior al simple ejercicio físico, incluso está descrito que te pueden ayudar a superar alteraciones de tu estado emocional. Asimismo, los movimientos lentos y precisos, junto con la respiración consciente, producen un efecto directo y beneficioso sobre los sistemas nervioso y endocrino.

Karen Caldwell[94], especialista en terapia de artes expresivas, realizó un estudio sobre los posibles beneficios de la práctica del TCC en adultos con trastornos de ansiedad asociados a alteraciones del sueño.

En el estudio participaron un total de 75 adultos, que fueron divididos en tres grupos. Uno practicó TCC de forma presencial; otro grupo, con DVD, y el último, el grupo control, tan solo recibió información escrita sobre diferentes técnicas para la reducción del estrés, para que las pusieran en práctica. Los dos primeros grupos realizaron prácticas de TCC, dos veces por semana, durante diez semanas. A los

---

94 CALDWELL, Karen L., *et al.* (2016). «Effects of Tai Chi Chuan on anxiety and sleep quality in young adults: lessons from a randomized controlled feasibility study». *Nature and science of sleep*, 8: 305.

dos meses, ya se pudo constatar que el nivel de ansiedad y la calidad del sueño habían mejorado ostensiblemente para los grupos que practicaban TCC y no para el grupo control. Caldwell, en las conclusiones de su estudio, afirma que el TCC puede ser un medio eficaz, no farmacológico, para mejorar la ansiedad y la mala calidad del sueño.

El profesor Shinn-Zong Lin[95], investigador del Centro de Neuropsiquiatría del Hospital Médico Universitario de Taiwán, evidencia una relación directa entre el envejecimiento y la práctica de TCC. En su estudio, demuestra que practicar TCC de forma continuada, y por un periodo superior a un año, produce el incremento de unas células inmunitarias relacionadas con la renovación celular (CD34+), lo que favorecería la regeneración o renovación de tejidos y órganos. Según Shinn-Zong Lin, el TCC puede ser una opción simple para mejorar la longevidad.

La Dra. Gabriela Orozco-Calderón[96] analizó la posible relación entre la práctica del TCC y el desempeño y el rendimiento cognitivo en adultos mayores. Para ello, realizó un estudio en el que participaron 50 mujeres adultas mayores, quienes fueron divididas en dos grupos, las que practicaban TCC y las que no. Al finalizar el estudio, comprobó que las mujeres que practicaban TCC habían mejorado la memoria y tenían mayor facilidad a la hora de afrontar las actividades del día a día.

Está demostrado que el TCC tiene muchos beneficios para la salud, pero, al contrario del yoga, aún hay pocos

---

95  Ho, Tsung-Jung, *et al.* (2014). «Tai Chi intervention increases progenitor CD34+ cells in young adults». *Cell transplantation*, 23.4-5: 613-620.

96  Orozco-Calderón, Gabriela; Guerrero-Huerta, Sergio, y Anaya-Chávez, Melisa (2018). «Tai Chi en el envejecimiento cognitivo y actividades de la vida diaria». *Ciencia & Futuro*, 8.1: 101-123.

estudios que demuestren cuáles son los mecanismos responsables de ello.

## YOGA

El yoga es una práctica que nace en la India hace 5000 años y que tuvo que esperar hasta la década de los 60 para entrar en Occidente, llegando a convertirse, hoy en día, en un fenómeno mundial. A medida que se ha ido occidentalizando, sus técnicas han ido evolucionando, aunque los movimientos y los ideales originales se han mantenido. Creo que es una de las mejores alternativas de las que disponemos en Occidente para romper con el ritmo de vida «moderna» o «actual», ya que, a pesar de ser una filosofía milenaria, su aportación ayuda, y mucho, a mejorar nuestra calidad de vida.

La palabra *yoga* proviene del sánscrito y significa «unión». El objetivo del yoga es la unión y el equilibrio entre el cuerpo, la mente y el espíritu, a través de la combinación de distintas posturas o *asanas*, la respiración y la meditación o *sabashana*.

Hace unos años empecé la práctica del yoga, atrayéndome desde el inicio, ya que noté cómo potenciaba los beneficios que tanto agradecía de la respiración. Los estudios científicos demuestran que las *asanas*, unidas a la respiración consciente y a la relajación final, tienen un efecto beneficioso tanto a nivel físico como mental.

Durante las clases de yoga, no debes obligarte a realizar *asanas* complejas, sino que debes aprender disfrutando del camino. Con el tiempo y con la práctica habitual, de forma natural, te darás cuenta de que serás capaz de realizar nuevas posturas, ya que tu fuerza, tu elasticidad y tu equilibrio irán mejorando.

Al finalizar la sesión, la última *asana* es la que integra

180

todos los beneficios de la práctica del yoga, proporcionándote una gran relajación después del ejercicio. Se trata de la meditación o *sabashana*, que, tal y como te he comentado en la práctica de la técnica de *mindfulness*, consiste en relajar, pausada y progresivamente, todas las partes del cuerpo. La *sabashana* te ayudará a ser consciente del ejercicio realizado proporcionándote descanso y relajación después del esfuerzo. Empezar con la práctica del yoga puede ser la puerta de entrada para introducirte en los beneficios del *mindfulness*.

Al contrario del TCC, existen publicados muchos estudios que describen los mecanismos responsables y los beneficios de realizar la práctica del yoga, sea cual sea tu edad.

Neha Gothe[97] realizó un estudio en el que intervinieron 118 adultos, con una edad media de 62 años, que fueron divididos en dos grupos. Uno realizó ejercicios de yoga y el otro grupo realizó tan solo ejercicios de fortalecimiento muscular y estiramiento. Ambos grupos le dedicaron una hora al ejercicio, tres días a la semana, durante ocho semanas. Al finalizar el estudio, los participantes del grupo que habían practicado yoga mostraron un mayor rendimiento a nivel cognitivo que los del grupo control, ya que habían mejorado la memoria, la autogestión, la velocidad de pensamiento y la toma de decisiones.

En otro estudio, la Dra. Gothe[98] utilizó el mismo grupo para valorar, en esta ocasión, el nivel de estrés que presentaban los integrantes de cada grupo al inicio y a las ocho

97   GOTHE, Neha P.; KRAMER, Arthur F., y McAULEY, Edward (2014).
      «The effects of an 8-week Hatha yoga intervention on executive function in older adults». *Journals of Gerontology Series A: Biomedical Sciences and Medical Sciences*, 69.9: 1109-1116.
98   GOTHE, Neha P.; KESWANI, Rahul K., y McAULEY, Edward (2016).
      «Yoga practice improves executive function by attenuating stress levels». *Biological psychology*, 121: 109-116.

semanas. Para evaluar el nivel de estrés utilizó un formulario de autoevaluación, junto con la medición del nivel del cortisol en la saliva. Como sabes, el estrés produce la liberación de cortisol, junto con otras hormonas, pudiendo desencadenar, si se mantienen altos, la aparición de múltiples enfermedades.

Al finalizar el estudio, el grupo que había practicado yoga presentaba una respuesta más atenuada frente a situaciones de estrés y un menor nivel de cortisol en saliva respecto al otro grupo.

Estos y otros estudios demuestran los efectos beneficiosos que tiene la práctica habitual de yoga sobre el rendimiento cognitivo y la reducción del estrés en adultos mayores, pero los beneficios de esta técnica van más allá, actuando directamente sobre los procesos responsables del envejecimiento.

Madhuri Tolahunase[99], basándose en el análisis del nivel de los biomarcadores, describe que doce semanas de yoga son suficientes para ralentizar el envejecimiento celular. Para realizar su estudio, midió el nivel de los biomarcadores responsables del envejecimiento celular en 96 adultos sanos, al principio y a las doce semanas, al finalizar el estudio. Todos los participantes realizaron una práctica de 90 minutos de yoga, cinco días a la semana. Estos ejercicios incluían posturas físicas, respiración y meditación. Al finalizar el estudio, todos los participantes presentaban una mejora en el nivel de sus biomarcadores. Recuerda que los biomarcadores son los que indican tu edad biológica, tu estado de salud y tu longevidad.

Es tanta la importancia que está tomando la práctica del

---

99 TOLAHUNASE, Madhuri; SAGAR, Rajesh, y DADA, Rima (2017). «Impact of yoga and meditation on cellular aging in apparently healthy individuals: a prospective, open-label single-arm exploratory study». *Oxidative medicine and cellular longevity.*

yoga en todo el mundo que la ONU declaró el 21 de junio como Día Internacional del Yoga.

Aunque ya sabes que no puedes revertir tu edad cronológica, una vez más, los estudios demuestran que, eliminando algunos hábitos que poco te aportan e incorporando otros nuevos, puedes revertir o ralentizar el ritmo al que envejeces, disfrutando de mayor salud y calidad de vida.

## PILATES

El método pilates fue desarrollado a principios del siglo XX por el alemán Joseph Pilates, basándose en su conocimiento de distintas especialidades, como la gimnasia, la traumatología, el *ballet* y el yoga. Con estos conocimientos consiguió elaborar una técnica que aúna el dinamismo y la fuerza muscular con el control mental, la respiración y la relajación.

El método se centra básicamente, en fortalecer la musculatura profunda del abdomen, que es la responsable de soportar tu cuerpo, a la vez que te ayuda a mantener tu equilibrio, dando estabilidad y firmeza a la columna vertebral.

Los estiramientos y la tonificación en la práctica de pilates te ayudarán a mantener la salud de la musculatura, consiguiendo mejorar tu postura y tu consciencia corporal.

Al comparar los puntos que tienen en común el yoga y el pilates, te puedo decir que ambos sincronizan la respiración con las posturas, aunque en el yoga se inspira y espira por la nariz, mientras que en el pilates se exhala por la boca. Las dos técnicas utilizan el cuerpo y la fuerza. La técnica del pilates se centra en la musculatura de la región abdominal, aunque trabaja todo el cuerpo, mientras que el yoga, aunque también trabaja la musculatura abdominal, lo hace por igual con el resto del cuerpo. Por último, la gran diferencia entre ambos reside en que en el pilates no hay relajación al finalizar el ejercicio.

Tanto el TCC como el yoga o el pilates trabajan la consciencia corporal a través de las posturas y la respiración, por lo que cualquiera de las tres te va a permitir conocer mejor tu cuerpo.

Practicar algún deporte debe formar parte de tu nuevo estilo de vida, ya que puede ser la clave para prevenir la aparición de enfermedades y mejorar tu salud física y mental, lo que ayudará a retrasar tu envejecimiento y aumentará tu calidad de vida.

---

✓ *El yoga, el TCC, el chi kung y el pilates, practicados de forma habitual, te ayudarán a mejorar el equilibrio, la flexibilidad, el tono muscular y la fortaleza, aportándote, además, cierto estado de relajación.*

✓ *Sus movimientos controlados, lentos, precisos y acompañados de una respiración consciente, los diferencian del resto de ejercicios de bajo impacto.*

✓ *No solo mejorarás a nivel físico, sino que te ayudarán a disminuir el estrés, la ansiedad y la depresión, adoptando una postura más positiva ante la vida. También actúan directamente sobre tus capacidades cognitivas, concentración, memoria, etc.*

✓ *Por último, está demostrado que retrasan los procesos del envejecimiento al mejorar tus marcadores biológicos y disminuir los niveles de los responsables del envejecimiento celular.*

# Tú y la silver economy

> «El hombre que sabe gastar y ahorrar es el más feliz,
> porque disfruta de ambas cosas».
>
> Samuel Johnson

Antes de valorar cómo puedes gestionar tu economía, debes conocer el cambio que se está produciendo en el modelo de población provocado por la mayor longevidad, ya que te puede afectar en esta etapa de tu vida, debido a que tiene una incidencia directa sobre la sostenibilidad del modelo social y económico actual.

Eres consciente de que la reducción en la tasa de natalidad y el aumento de la esperanza de vida hace que el grupo de personas en edad de trabajar se vaya reduciendo, aumentando el grupo de personas de edad superior a los 65 años. Según el Instituto Nacional de Estadística (INE), el fenómeno de los *baby boom*, que, como sabes, son los nacidos entre 1946 y 1965, dobló el número de nacimientos de la generación anterior, la generación silenciosa, y ahora los *baby boom* se están jubilando. La Organización para la Cooperación y el Desarrollo Económico (OCDE) prevé que en el año 2050 España contará con 78 personas mayores de 65 años por cada 100 personas en edad de trabajar, frente a las 53 por cada 100 previstas de media en el resto de países europeos.

También, según estima la OCDE, en 2050 España será el territorio más longevo del mundo, con un 40 % de personas mayores de 65 años, aunque la Oficina Europea de Estadística (Eurostat) los cifra en un 32 %. Por último, en el informe del Consejo Superior de Investigaciones Científicas (CSIC) sobre el «Perfil de personas mayores en España 2019», nos hablan de un 29,4 % de mayores de 65 años en el 2068. Sea cual sea la cifra final, podemos prever que en el año 2050 más de un tercio de la población española tendrá una edad superior a los 65 años, más del doble que en la actualidad.

Son muchos los grupos de trabajo, en todo el mundo, que analizan y estudian cómo influyen e influirán en la economía mundial estos cambios en un futuro muy próximo, y cuáles deberían ser las acciones que habría que implementar para que la economía sea sostenible.

Diferentes estudios indican que las nuevas generaciones, gracias a su experiencia profesional y a su buen estado físico y mental, mantendrán su capacidad laboral durante más tiempo, por lo que deberán seguir trabajando más allá de lo que conocemos hoy como «edad de jubilación».

Seguramente este aumento en la edad de jubilación vendrá asociado a un cambio en las condiciones laborales. Ello permitiría combinar la actividad laboral a tiempo parcial, con una pensión acorde a las horas de trabajo, lo que el doctor Enrique Gil Calvo, autor del artículo «El "poder gris"»[100], define como «jubilación a la carta». Sea como fuere, empezando por la generación X y siguiendo por los *millennials*,

---

100 GIL CALVO, Enrique (2004). «El "poder gris". Consecuencias culturales y políticas del envejecimiento de la población». *ICE, Revista de Economía*, 815.

formarán parte de la llamada generación U o *unretired*, los que no se retiran o se retiran más tarde.

Estas nuevas políticas económicas están basadas en retrasar la edad de jubilación hasta los 75 años, ya que, como hemos visto, el aumento de la esperanza de vida de la población va asociada a una mejora en su estado de salud y de sus capacidades físicas y mentales. Gracias a ello, se espera generar un aumento del producto interior bruto (PIB), junto con un aumento en los ingresos en los planes de pensiones. También está prevista una mayor incorporación de las mujeres y de los inmigrantes a la población activa, juntamente con un aumento de la productividad empresarial, gracias al incremento de las inversiones en tecnología. Todo ello podría ayudar a mantener el crecimiento económico, en función de la mayor recaudación de impuestos y cotizaciones a la Seguridad Social.

Estos cambios y otros que han de producirse van a permitir afrontar el que ya es el mayor reto al que se enfrenta la sociedad del siglo XXI. Como describe Antoni Salvà, director de la Fundación Salut i Envelliment de la Universidad Autónoma de Barcelona, «el reto ya lo tenemos aquí, no hay que esperar». La mayoría de estos cambios, a nosotros, los *baby boomers*, no nos afectarán, ya que no están implementados, aunque es de esperar que durante los próximos años se vayan introduciendo progresivamente, lo que nos puede ayudar, aunque no dependamos de ello, a que esta nueva etapa sea tal y como la deseamos.

Si hablamos de economía, son más los que ven el vaso medio vacío que medio lleno, y más ahora que las posibilidades de producir riqueza han disminuido. Nos educaron para trabajar y luchar con la promesa de conseguir mayores bienes materiales. Si eres de estos, debes saber que los de nuestra generación aún podemos ser optimistas.

No olvides que somos una generación a la que se permite jubilarse joven, que gozamos de salud, fuerza e ilusión, que estamos dispuestos a disfrutar de esta nueva etapa y a cuidarnos, tanto física como emocionalmente, buscando actividades que nos permitan fluir, intentando mantener al máximo nuestra calidad de vida.

La recién bautizada *silver economy* hace referencia a todos los negocios, basados en productos y servicios, relacionados con las necesidades específicas de los mayores de 65 años. No se refiere a un nuevo sector de mercado, sino que se considera como una nueva economía, ya que es reconocida como una gran oportunidad de crecimiento económico para Europa. Así lo indica el informe de la Comisión Europea del año 2018 sobre la *silver economy*.

Actualmente, la *silver economy* es la tercera economía más grande del mundo, después de Estados Unidos y de China (teniendo en cuenta que el estudio se ha hecho basándose en la población mayor de 50 años). De ello podemos deducir, al contrario de lo que cabría esperar, que el envejecimiento de nuestra generación de *baby boomers* convertidos en *silvers* ofrece una nueva oportunidad de crecimiento económico y de empleo. Ello ha motivado que sea objeto de análisis y estudio para Gobiernos y empresas, dado el potencial, a nivel de estímulo económico, que ofrece en un momento especialmente delicado para la sostenibilidad mundial.

También se nos considera la generación más rica de la historia. En el año 2004, en Gran Bretaña, los *silvers* poseían el 80 % de la riqueza del país y actualmente poseen el 77 % en Estados Unidos. Hay que tener en cuenta que la adquisición de patrimonio ha sido mayor en esta generación que en cualquier otra a lo largo de la historia. En España, el 71,3 % de los miembros de la generación *silver* han invertido en vivienda.

Esto es fruto de haber gozado de trabajo estable, no dedicándole mucho tiempo al ocio, en un momento de estabilidad política y gran crecimiento económico. Esta situación difícilmente se va a repetir, ya que las siguientes generaciones estarán regidas por los cambios en las políticas sociales, económicas y laborales, necesarios para hacer frente a la nueva situación.

Al llegar a esta nueva etapa, a todos nos preocupa cuál será nuestra situación económica en el futuro. Según la VII encuesta realizada por el Instituto BBVA de Pensiones, el 55 % de integrantes del *baby boom* teme sufrir estrecheces económicas a partir de su jubilación, por lo que es lógico preguntarnos cómo deberemos gestionar nuestros recursos y de qué recursos vamos a disponer.

Eres consciente de que la esperanza de vida ha aumentado y debes saber que el pago de las pensiones públicas puede llegar a superar el 50 % del total del gasto público, por lo que nuestro futuro económico parece poco optimista. Son muchas las recomendaciones propuestas por instituciones de la UE, englobadas dentro de la estrategia Europa 2020, para coordinar las políticas económicas de los Estados miembros y afrontar el reto del envejecimiento y su impacto sobre los sistemas de protección social.

Te alegrará saber que, a día de hoy, nuestra generación se está beneficiando de la no aplicación de las medidas adoptadas en el año 2013 para hacer económicamente más sostenible el sistema de pensiones. Estas medidas contemplan la suspensión del índice de revalorización de las pensiones (IRP), al desligarlo de su revalorización anual en función del IPC y relacionarlo, mediante una fórmula nueva, a la marcha de la economía y al estado de las cuentas de la Seguridad Social.

También se ha retrasado la entrada en vigor del factor de sostenibilidad, que relaciona automáticamente la cuantía de las pensiones según la esperanza de vida.

Al no producirse estos ajustes, se ha provocado un desequilibrio entre la cantidad aportada a la Seguridad Social y la prestación final recibida, ya que, por cada euro aportado actualmente, el jubilado español percibe 1,28 euros, lo que representa un 28 % más. Esto, proporcionalmente, es muy superior a las prestaciones que reciben en el resto de países europeos, según informa el Instituto de Actuarios Españoles (IAE).

Debes ver la mitad llena del vaso, sin resignación, ya que, como has visto, nuestra situación actual no está tan mal. El sistema de pensiones en España está basado en un pacto solidario entre generaciones, por lo que «las aportaciones que ha hecho nuestra generación a la Seguridad Social, con sus cotizaciones, han permitido retrasar en casi 20 años la crisis del sistema económico, y sería injusto castigarnos ahora con pensiones más bajas». Estas son las conclusiones a las que llega el estudio del Centre d'Estudis Demogràfics de la Universidad Autónoma de Barcelona[101] y que, seguramente, los *silvers* compartimos al 100 %. Si a todo ello le sumamos nuestra edad actual de jubilación, que no se repetirá, ya que irá aumentando progresivamente, hemos de estar contentos de formar parte de esta generación.

Esta es la situación actual, ya que todos desconocemos los efectos que causará la crisis económica que estamos atravesando, agravada por la pandemia de la COVID-19. Sea cual fuere la situación futura, nuestra generación la afrontará desde la posición de privilegio en la que estamos, que no se ha repetido antes y que difícilmente se volverá a repetir en las próximas generaciones.

Ahora que empiezas esta nueva etapa, intenta no centrarte en si nos reducirán o no las pensiones, ya que poco podemos hacer al respecto, y abandona tus patrones mentales de escasez, concentrándote en lo que dispones y en

---

101 ESTEVE, Albert; DEVOLDER, Daniel, y BLANES, Amand (2018). «El factor demográfico en la sostenibilidad del sistema de pensiones en España». *Perspectives demogràfiques*, n.º 009. Centre d'Estudis Demogràfics, Universidad Autónoma de Barcelona.

cómo puedes optimizar tu poder adquisitivo, adminis-
trando lo mejor posible tus recursos económicos. Delante
de esta perspectiva, no te desanimes, dispones de opciones, como verás en los próximos capítulos, por lo que debes
ser capaz de gestionar tu economía coherentemente, valorando que menos puede ser más e identificando cómo y en
qué empleas o quemas tu dinero.

## PLANES DE PENSIONES O PLANES DE JUBILACIÓN

Es posible que hayas planificado tu jubilación y que tengas
unos ahorros en planes de pensiones o planes de jubilación,
que te van a ayudar a complementar tu pensión pública. En
este caso, debes conocer cómo puedes rescatar tu dinero.

En cuanto al plan de pensiones, solo podrás disponer de
él si te jubilas, aunque es posible rescatarlo antes si sufres
una incapacidad profesional, estás en el desempleo o padeces una enfermedad grave. De cara a la fiscalidad, estos tienen la consideración de rendimientos del trabajo y, como
tales, tributan en el IRPF, por lo que es mejor retirarlos progresivamente en forma de renta temporal. Las rentas temporales consisten en una cantidad periódica que tú deter-
minas y que cobrarás hasta agotar los derechos acumulados.
En este caso, pasas a tributar tan solo por las cantidades
percibidas, lo que te gravará menos. Debes saber que todos
los planes de pensiones anteriores al 31 de diciembre del
año 2006 gozan de una reducción del 40 %.

A diferencia del plan de pensiones, el plan de jubilación
puedes rescatarlo en cualquier momento, en función de las
condiciones acordadas a la hora de formalizarlo. El plan
de jubilación goza de una fiscalidad más favorable, ya que
está considerado como rendimiento de capital mobiliario,
siendo su fiscalidad menor si lo percibes en forma de renta
vitalicia.

## HIPOTECA INVERSA Y RENTA VITALICIA

La hipoteca inversa es una forma de obtener una renta para completar tus ingresos, si has cumplido la edad de jubilación o estás a punto de cumplirla y dispones de una vivienda en propiedad. La *Guía sobre hipoteca inversa* del Banco de España la define como «un crédito o préstamo garantizado, con una hipoteca, que recae sobre la vivienda habitual u otras viviendas, concedido de una sola vez o a través de prestaciones periódicas, a una persona que debe ser mayor de 65 años». Lo ideal es que la casa sea la vivienda habitual, ya que, en este caso, no deberás pagar el impuesto de actos jurídicos documentados al constituir el préstamo.

Se trata de un dinero que el banco te da por la casa, según su valor de tasación, en el momento de formalizarla, permitiéndote seguir utilizándola durante tu vida. Debes tener en cuenta que el capital sobre el que se ha tasado la casa irá perdiendo valor con el tiempo por el efecto de la inflación, por lo que podría darse el caso de que, llegado el momento, la vivienda valga menos que el préstamo.

Gracias al aumento en nuestra esperanza de vida, es posible que la cantidad tasada sobre el valor de la vivienda no sea suficiente para cubrir las cuotas de todos tus años de vida, por lo que existe la posibilidad de contratar un seguro de rentas vitalicias que te asegura seguir cobrando tu renta mensual en caso de que se termine el dinero.

Estos seguros suelen ser muy caros y muchas entidades tratarán de cobrártelos en un pago único, al principio en la firma de la hipoteca, por lo que la cantidad remanente de la que podrás disponer se va a ver bastante mermada. Ten en cuenta que también se te descontarán directamente del capital total del crédito hipotecario los gastos de formalización (notario, registro de la propiedad, tasación del inmueble, etc.).

A nivel fiscal, las rentas que vayas percibiendo por la hipoteca inversa no están sujetas a tributar en el IRPF, ya que provienen de un crédito y no de rentas. Si se termina el crédito de la hipoteca inversa y empiezas a percibir dinero del seguro de rentas vitalicias, este sí que tributaría en el IRPF.

Hay otra opción para poder seguir viviendo en tu casa y obtener una renta, es lo que se conoce como «renta vitalicia». Esta es un contrato que se firma ante notario con un grupo de inversión, por el que se transmite en vida la titularidad de la vivienda, sin perder el uso y disfrute de la misma. Con la renta vitalicia, la mensualidad puede llegar a ser hasta un 40 % superior a la que se percibe con una hipoteca inversa, pero, a diferencia de la hipoteca inversa, los descendientes no tendrán derecho sobre la herencia de la vivienda, ya que, en este caso, dejas de ser el propietario de la misma a la firma del contrato.

Con la renta vitalicia, todos los gastos, honorarios e impuestos que se generen como consecuencia de la constitución de la operación son a cargo del comprador. A nivel fiscal, los mayores de 70 años que estén obligados a hacer la declaración de la renta solo tendrán que declarar el 8 % del total de las cuantías percibidas anualmente.

✓ *La mayor longevidad tiene una incidencia directa sobre la sostenibilidad del modelo social y económico actual.*

✓ *Actualmente, la silver economy es la tercera economía más grande del mundo, por lo que se espera de nosotros, una vez más, que seamos la oportunidad de crecimiento económico y de empleo necesario en un futuro.*

✓ *Hemos sido una generación privilegiada, ya que hemos gozado de la mayor estabilidad social y política, así como del mayor crecimiento económico conocido hasta hoy.*

✓ *Sea cual fuere nuestra situación futura, la generación silver la afrontará desde la posición de privilegio en la que está.*

✓ *Abandona tus patrones mentales de escasez y valora que menos puede ser más.*

✓ *Ha llegado el momento de que tengas claro cómo y en qué emplea o quemas tu dinero.*

# Puedes trabajar estando jubilado

«No te retires simplemente de algo;
ten algo a lo que retirarte».

Harry Emerson Fosdick

Volvemos al símil de las temporadas de las series televisi-vas y el papel que has desarrollado en cada una de ellas. Teniendo en cuenta que tu vida la he dividido en tres tem-poradas, aunque actualmente ya se acepta que podrían ser cuatro, y ahora entrarías en la tercera, te darás cuenta de que la primera temporada es de gasto, aunque este haya estado soportado total o parcialmente por la familia; la segunda temporada es de trabajo y ahorro, y esta tercera temporada, que estás a punto de iniciar al cesar tu activi-dad, vuelve a ser de gasto.

El hecho de que la mayoría cese su actividad habitual no implica que no pueda seguir obteniendo ingresos. Debes ser sensato y aceptar que, a mayor edad, menos riesgos debes correr, ya que es más difícil recuperar lo perdido, por lo que no entraré en temas relacionados con la banca o las finanzas, ya que son áreas que no domino.

Reconozco mi desconocimiento sobre si es posible prever, hoy en día, cómo irá la bolsa para invertir a corto plazo, ya que no tiene sentido hacerlo a largo plazo; si los mercados serán alcistas o bajistas, o cuál será la rentabilidad que puedan tener unas acciones o bonos, y el riesgo que ello supone. Tampoco sé cuándo necesitaré disponer de mi dinero, por lo que preciso saber que podré acceder a él libremente en cualquier momento. Por desconocimiento, por mi espíritu conservador y porque, como tú a estas alturas de tu vida, no nos sobra el dinero, prefiero saber cuál es mi patrimonio económico y optimizarlo en lo posible, corriendo los mínimos riesgos.

Aunque tu retirada de la actividad profesional venga determinada por la edad de jubilación, debes tener claro que, a partir de ahora, no puedes dejar de realizar alguna actividad o actividades que te motiven. Como ya te hemos visto, es importante para mantener, incluso mejorar, tu salud y tu bienestar físico y mental, aprovechar la ocasión que se te ofrece para recuperar, recordar o descubrir aquellas actividades que te permitan realizarte y que, debido a tu día a día o a tus circunstancias hasta ahora, no has podido realizar. Recuerda que eres libre de escoger cómo quieres vivir el resto de tu vida y que, con los años, si no tienes una motivación, la vida perderá sentido.

Según diferentes estudios demográficos, nuestra generación no está mentalmente preparada para trabajar más años que nuestros padres. No obstante, dos de cada diez *baby boomers* seguirían trabajando a tiempo parcial, aunque, y esto es importante, no lo harían para mantener una fuente de ingresos, sino porque se sienten realizados con su trabajo, decidiendo dedicar parte de su tiempo en esta nueva etapa a su actividad habitual, ya que esta es su pasión y los hace fluir.

Actualmente, los jóvenes alargan su periodo de formación, por lo que acceden más tarde al mercado laboral. Si a este hecho le sumamos que ha aumentado la longevidad de los pensionistas, la Administración es cada vez más consciente de que se está creando un déficit difícil de soportar, por lo que ha empezado a dictar medidas para paliarlo.

Tú también eres consciente del probable aumento en tu esperanza de vida, por lo que es posible que te preguntes si existe la posibilidad de realizar una actividad remunerada estando jubilado, de cara a poder seguir obteniendo ingresos que te ayuden a sufragar estos años que vas a vivir de más. La norma general dice que no, pero no te asustes si es esta tu intención, ya que esta norma es cada vez menos restrictiva y, como verás, sí que dispones de opciones.

Hoy por hoy, según la legislación española, la percepción de la pensión de jubilación es incompatible con cualquier trabajo por cuenta propia o ajena que dé lugar a su inclusión en el Régimen General de la Seguridad Social o en alguno de los regímenes especiales. También es incompatible en el caso de que se trate de un puesto de trabajo del sector público, salvo profesores universitarios eméritos o personal licenciado sanitario y, por último, en el caso de desempeñar altos cargos.

Si descartamos los supuestos anteriores, existen diferentes fórmulas, ofrecidas actualmente por la Administración, para compatibilizar una actividad remunerada con la jubilación, lo que nos puede permitir rentabilizar la actividad que deseemos realizar en esta nueva etapa.

En un primer caso, la ley prevé que se puedan realizar actividades esporádicas y por cuenta propia sin la necesidad de suspender el cobro de la pensión, no estando tampoco obligados a cotizar a la Seguridad Social, siempre y cuando los ingresos anuales no superen el equivalente al salario mínimo interprofesional que en el 2020 está cifrado en 13.300 euros anuales. En este supuesto entrarían también los trabajos especialmente cualificados, a tiempo parcial y en proyectos concretos, que tampoco superen el salario mínimo, lo que nos permitiría seguir colaborando y aportando nuestra experiencia a la sociedad.

Este tipo de trabajo especializado, temporal y dependiente de proyectos concretos es una fórmula que se irá imponiendo en un futuro, frente al habitual contrato indefinido. Según el Bureau of Labos Statistics (BLS), en el año 2017 en Estados Unidos hubo 55 millones de trabajadores, entre *freelancers*, consultores empresariales, contratistas independientes, profesionales y trabajadores temporales, sujetos a esta fórmula laboral. Se estima que el 36 % de los trabajadores y el 33 % de las empresas de Estados Unidos utilizan ya este tipo de contratos. La periodista estadounidense Tina Brown lo define como la *gig economy*.

Otro supuesto es la jubilación flexible, a la que pueden acceder todos los que ya están percibiendo una pensión. Esta fórmula permite la posibilidad de compatibilizar la pensión de jubilación con un contrato a tiempo parcial con una reducción de jornada de entre un 25 y un 50 %. En este caso, el importe de la pensión se vería reducido proporcionalmente según la jornada de trabajo.

Por último existe la posibilidad de acogerse a la llamada «jubilación activa», que permite, una vez alcanzada la edad de jubilación y haber cotizado la totalidad de cuotas, seguir realizando un trabajo a tiempo parcial o total, recibiendo el 50 % de la pensión, salvo que la actividad sea por cuenta propia y se tenga contratado a un trabajador por cuenta ajena, en cuyo caso puede alcanzar el 100 % de la pensión. También está prevista la posibilidad de compatibilizar el 100 % de la pensión, en el caso de que se realicen actividades «de creación artística» y que los ingresos que se perciban sean derivados de los derechos de propiedad intelectual.

La legislación también contempla el caso de profesionales por cuenta propia y colegiada que estén dados de alta en una mutualidad alternativa o exenta de causar alta en el

Régimen Especial de Trabajadores Autónomos, así como a los titulares de un negocio, siempre y cuando solo efectúen las funciones inherentes a dicha titularidad.

El hecho de saber que dispones de la posibilidad de poder compatibilizar una actividad remunerada con la jubilación tiene que aportarte tranquilidad, ya que dispones de la libertad de escoger cómo quieres plantearte tu futuro en cualquier momento. Como ya te he comentado, no hay nada peor que estar en una situación en la que no puedes escoger.

No te estoy animando a que sigas el mismo rol que has desarrollado durante la segunda etapa de tu vida, sino que ahora, o en un futuro, podrás decidir libremente cuál o cuáles van a ser tus objetivos en la vida. Recuerda, el 20 % de *baby boomers* que sigue trabajando lo hace porque su actividad los hace fluir y su experiencia y conocimiento son un aporte valiosísimo para las nuevas generaciones, ya sea en el mundo empresarial, universitario o sanitario.

Está aumentando en todo el mundo lo que conocemos como «emprendimiento sénior». Según el Global Entrepreneurship Monitor (GEM) y la Fundación Ewing Marion Kauffman, la creación de nuevos negocios por parte de los mayores de 50 años supera a la de los jóvenes.

En el estudio «Un País con Ganas», llevado a cabo por la agencia Metroscopia entre el 28 de noviembre y el 4 de diciembre de 2018, se preguntó a un total de 2000 personas, escogidas aleatoriamente: «¿Considera usted que, conforme avanza la edad, se van perdiendo las ganas de hacer cosas?». El resultado fue que el 66 % de los encuestados cree que con los años no se van perdiendo las ganas, sino que aumentan; el 31 % sí que cree que se van perdiendo, y el 9 % no sabe o no contesta. De los jubilados encuestados, uno de cada tres tenía pensado emprender un nuevo proyecto en el 2019.

Esto nos indica la tendencia y la necesidad de una generación que, como hemos visto, se siente joven y que, ante una prejubilación o jubilación, no ha perdido la ilusión por emprender nuevos proyectos.

La influencia positiva de estos emprendedores séniores será aún más notable a medida que vaya envejeciendo la población, beneficiando a la sociedad al no convertirse en una carga financiera, ya que, debido a su experiencia y a su posición económica, tienen más probabilidades de generar empleos que los jóvenes.

✓ *A partir de ahora, no puedes dejar de realizar alguna actividad que te motive. Si no tienes una motivación, llegará un momento en que la vida no tendrá sentido.*

✓ *Dos de cada diez baby boomers seguirían trabajando porque se sienten realizados con su trabajo, ya que esta es su pasión y los hace fluir.*

✓ *Tienes opciones de rentabilizar esta actividad que te hace fluir con el cobro de tu pensión.*

✓ *La influencia del emprendimiento sénior irá aumentando a medida que vaya envejeciendo la población, debido a su experiencia y a su posición económica.*

# Un nuevo consumo donde menos es más

«El precio es lo que pagas. El valor es lo que recibes».

Warren Buffett

Hoy en día hay una tendencia a etiquetarlo todo, por lo que tampoco se salvan las diferentes generaciones. La generación silenciosa, el *baby boom*, la generación X, la generación Y (o *millennials*) y la generación Z, todas ellas con sus características e idiosincrasia propias, según la fecha de nacimiento, la época que les ha tocado vivir y su estilo de vida.

Esta clasificación y los diferentes grupos generacionales permiten a la industria y a la sociedad definir las pautas de comportamiento y las tendencias de los individuos, así como conocer cuáles son sus hábitos de consumo, sus preferencias, y cómo toman sus decisiones.

Nosotros, como sabéis, formamos parte de la generación del *baby boom* y ya tenemos una cierta edad, por lo que se nos define como la primera generación *silver*. A diferencia de las generaciones anteriores, podemos afirmar que somos menos viejos o seremos jóvenes más tiempo, por lo que se nos reconoce como activos y con ganas de disfrutar de la vida. Ya hemos cumplido con la sociedad, hemos trabajado, nuestros hijos, si los tenemos, ya son adultos, por lo que disponemos de autonomía, dominamos nuestras agendas y decidimos qué y cuándo hacer las cosas que nos interesan. Todo ello favorece que se esté creando un nuevo mercado a nuestro alrededor, ya que se nos ve con un gran potencial como consumidores.

Se nos valora como un gran colectivo en el que aplicar y desarrollar nuevos productos y servicios, tanto como consumidores como por la actividad económica que generamos. La *silver economy* se encarga de analizar la creación de nuevos proyectos enfocados en diferentes áreas de interés, dirigidos a las futuras generaciones *silver*.

Somos conscientes de que queremos estar sanos más tiempo, lo que tendrá una gran incidencia en todo lo referente a la salud, alimentación y bienestar. Actualmente, las empresas de cosmética ya informan del gran impacto que tiene la entrada de los mayores de 65 años, tanto hombres como mujeres, en el consumo de nuevos productos adaptados a ellos, para mantener su estado y aspecto más jóvenes. También se nos reconoce como grandes consumidores de ocio y turismo, así como activos en el sector inmobiliario y buenos consumidores de tecnología, tanto por las ganas como por la ilusión en mejorar y ampliar nuestra formación. Nos ven como un nuevo mercado, y es cierto que lo somos, ya que representamos actualmente un tercio del consumo privado de la Unión Europea, lo que supone cerca de 3,7 billones de euros.

Es cierto que la época que nos ha tocado vivir nos ha permitido ser protagonistas y beneficiarnos del crecimiento económico, de la incorporación de las nuevas tecnologías y de estabilidad laboral. Todo ello nos ha proporcionado una estabilidad económica que nos ha permitido ser y seguir siendo buenos consumidores. No obstante, creo que no somos un mercado fácil, ya que, gracias a nuestro carácter conservador y a nuestra experiencia, sabemos o deberíamos saber lo que queremos y cómo lo queremos, sin dejarnos llevar fácilmente por lo que dicta la sociedad de consumo.

El principal reclamo al que estás expuesto viene determinado por la posibilidad que te ofrecen continuamente de comprar la felicidad. Para muchos, alcanzar la felicidad pasa por el consumo de nuevos estímulos, ya sean compras, viajes, nuevas relaciones, etc. Sin embargo, ya deberías saber que esta búsqueda a la larga resulta agotadora y parece que nunca termina, lo que puede acabar comprometiendo tanto tu salud como tu bienestar.

La mayoría de estudios indican que, a pesar de haber aumentado mucho el nivel económico de la población, no se ha incrementado de igual manera su nivel de felicidad. Los mismos estudios indican que los que tienen mucho no son más felices que los que cuentan con lo suficiente. El hecho de poseer muchos bienes puede producir el efecto contrario, ya que puedes sufrir por el miedo a perderlos. ¿Por qué, a pesar de tener todo lo que queremos, no nos sentimos bien y queremos más?

A estas alturas de tu vida, seguramente valoras más el hecho de estar bien, de ser feliz y de tener salud, que el de acaparar muchas cosas, que, una vez las tienes, te aportan poco o nada. Piensa que te quedan muchos años por vivir y que puedes escoger cómo hacerlo, por lo que debes ser consciente de lo que de verdad te importa. Céntrate en mejorar tu salud física y emocional, y en darle un sentido más profundo a tu vida, por lo que el dinero solo puede ser un medio y no un fin.

Sabes que, una vez ceses tu actividad económica, mermará en mayor o menor medida tu poder adquisitivo, pero, aun siendo consciente de ello, formas parte de una generación que, como ya has visto, no está dispuesta a trabajar más años de los necesarios, ya que valoramos poder disponer de nuestro tiempo por encima de todo.

Sé consciente de que te has pasado un tercio de tu vida

trabajando para comprar tiempo que luego no podías utilizar y que ahora dispones de él, sin tener que trabajar para ello. Seguro que no quieres jubilarte de la vida y pasar a un segundo plano, sino que prefieres disfrutarla. Para ello necesitarás dinero, por lo que debes empezar a diferenciar lo que implica para ti gastar o emplear tu capital, solo tú puedes determinar cuándo estás disfrutando de él o lo estás quemando. De esta manera, llegarás a valorar que menos es más y a tomar las decisiones correctas que le den un mayor significado a esta etapa de tu vida.

✓ *Se nos reconoce como una generación activa y con ganas de disfrutar de la vida, y es verdad.*

✓ *La generación silver genera una gran actividad económica, directamente soportando un tercio del consumo privado, e indirectamente, ya que es el objetivo para desarrollar nuevos productos y servicios.*

✓ *No somos un mercado fácil, ya que, gracias a nuestro carácter conservador y a nuestra experiencia, sabemos lo que queremos y cómo lo queremos.*

✓ *No utilices el consumo para buscar la felicidad, te agotarás por el camino, comprometiendo tu salud y tu bienestar.*

✓ *Recuerda que los que tienen mucho no son más felices que los que cuentan con lo suficiente.*

✓ *Solo tú puedes determinar cuándo estás disfrutando de tu dinero o quemándolo.*

# Minimalismo. Rodéate de lo que de verdad te hace feliz

«Simplicidad es la máxima sofisticación».

Leonardo da Vinci

Con los años vas siendo consciente de que la sociedad basada en el consumo y apoyada en una publicidad incesante ha contaminado nuestra cultura, cambiando los verdaderos valores de la vida. Muchas veces has pensado que necesitas cosas porque te han dicho que las necesitas, pero ahora con tu experiencia te das cuenta de que no es así.

Volviendo a la analogía de las series televisivas, te has pasado la segunda temporada luchando para conseguir más y mejores bienes materiales. Trabajando para tener más dinero, mejor casa, mejor coche, en una espiral de consumo, gastando quizás más de lo que tenías, hipotecándote y quemando las tarjetas de crédito.

Ahora, al inicio de esta tercera etapa, no debes olvidar que eres libre de elegir cómo la quieres vivir y cuáles son tus condicionantes económicos para llevar a cabo tu proyecto.

Has estado expuesto a una gran cantidad de información sobre lo que debías tener y cómo debías ser para tener éxito en la vida, lo que te ha incitado a adquirir aquello que te podía proporcionar felicidad y que creías sinceramente que necesitabas para que tu vida fuera perfecta. Con los años has aprendido que no es así, que la felicidad no se compra, y aunque no tener lo necesario no te dará la felicidad, tener demasiado tampoco, por lo que de ti depende encontrar el equilibrio.

Nos hemos acostumbrado a satisfacer nuestros deseos y carencias sobre la base de una filosofía materialista, facilitada por la publicidad, porque todo es más barato, efímero y está a nuestra disposición las 24 horas del día. Este es el motivo por el que nos esforzamos en tener más y más, logrando tan solo un placer o bienestar temporal. Es paradójico pensar que, por más que tengamos, nunca es suficiente, por lo que seguimos insatisfechos por aquello que no poseemos.

Recuerda cuando no existían las tarjetas de crédito y se pagaba en efectivo o utilizabas los talonarios para extender cheques. En aquellos años, si decidías comprarte algo que no tenías previsto o se apartaba de lo habitual, debías esperar para ir al banco a retirar el dinero necesario, ya que no disponías de él en efectivo. Las horas o el día que pasabas entre el impulso de comprar y el disponer del dinero necesario te proporcionaban el tiempo necesario para reflexionar sobre la importancia que le dabas a la compra, facilitándote que abortaras una compra compulsiva. Por este motivo siempre he pensado que la tarjeta de crédito es uno de los inventos más maquiavélicos que se han ingeniado, ya que nos permite gastar en todo momento el dinero sin ser conscientes de ello.

En una etapa en la que en Occidente la gente disfruta de los mejores niveles de vida de la historia, nos pasamos el día a día anhelando conseguir todo aquello que no tenemos. Pregúntate el porqué de esa necesidad, que tenemos todos, de acaparar bienes y, a pesar de conseguirlos, no sentirnos bien. La respuesta está en que la posesión, por sí misma, no tiene por qué proporcionarnos felicidad, ya que el tener por tener no satisface. Solo es posible ser feliz si se sabe apreciar lo que uno tiene, y esto es aplicable no solo a lo material, sino también a la salud, a las relaciones humanas y a la vida en general. Hay una cita de Jim Carrey que es muy descriptiva al respecto: «Ojalá todos pudieran ser ricos y famosos para que vieran que esta no es la solución».

Frecuentemente, nos damos cuenta de lo que de verdad importa cuando lo perdemos, ya que estamos habituados a disponer de ello y no lo valoramos como se merece. Aprovecha la experiencia que te ha dado la vida para redescubrir lo que de verdad valoras y disfrútalo antes de perderlo.

Seguro que recuerdas el día en que compraste tu primer coche, fue un momento importante, y añadiste un valor nuevo a tu vida. Cuando lo cambiaste por el segundo, probablemente fue porque te habías cansado del primero o este tenía más prestaciones, y así has ido actuando sucesivamente, no solo con el coche, sino también con el teléfono, entre otros artículos. Hoy en día, coches, teléfonos, etc. cumplen su función perfectamente y nos ofrecen más prestaciones de las que podemos utilizar, y aun así los vamos renovando por otros más recientes. Pregúntate sobre qué porcentaje de las prestaciones que te ofrecen estás utilizando y, una vez tengas la respuesta, plantéate si vale la pena gastar tu dinero en uno nuevo.

Mira a tu alrededor, es sorprendente la cantidad de cosas que has ido acumulando a lo largo de tu vida. Ha llegado el momento de que empieces a preguntarte sobre todo lo que te rodea y si verdaderamente te hace feliz o le añade algún valor a tu vida. Cuando lo hagas, comprobarás que puedes desprenderte de muchas de ellas.

Descubrirás un montón de CDs, videos, DVDs, libros, ropa y muchísimas otras cosas que has ido acumulando y que ni siquiera eres consciente de que las tienes. Están ahí, ocupan un espacio y te distraen de lo que de verdad valoras, incluso hay quien alquila un guardamuebles para guardarlas; si es así, qué sentido tiene seguir acumulando, si no las disfrutas ni las vas a utilizar.

Seguramente hayas oído hablar de la escritora japonesa Marie Kondo, o leído alguno de sus libros, como *La magia del orden*[102] o *La Felicidad después del orden*[103], o visto su serie en Netflix sobre el arte de organizar y ordenar tus pertenencias utilizando su método. En esta etapa de tu vida lo que debes aprender no es a organizar y ordenar tus pertenencias, que siempre es bueno, ya que creo que el orden da paz, sino que debes aplicarte el concepto de mantener contigo solo lo que te haga feliz, y yo añadiría también: quédate con aquello que quizás no te hace feliz, pero que te es útil. Es preferible calidad que cantidad. Es falso que tener más es mejor. Creo que, cuantas más cosas tienes, menor es el valor que les das.

Al liberarte de todas aquellas cosas que no necesitas y que no te hacen feliz, notarás cómo empiezas a sentirte más libre, lo que te ayudará a ser consciente de que empiezas una nueva etapa. Ahora es tu momento, la vida te lo deja fácil, te ha llevado a ello, y si lo haces, lo agradecerás. Serás consciente de que algo está cambiando en esta nueva etapa, ya que, al final, cada cosa que poseas tendrá para ti un valor, o una utilidad, o ambas cosas. Descubrirás que vives mejor, que dominas y te identificas con tu entorno, disponiendo de más tiempo para dedicarlo a las cosas que te hacen feliz.

La escritora Margaret Magnusson, autora del libro *El arte sueco de ordenar antes de morir*[104], describe una práctica fre-

---

102   KONDO, Marie (2011). *La magia del orden (La magia del orden 1): Herramientas para ordenar tu casa... ¡y tu vida!* Aguilar.
103   KONDO, Marie (2015). *La felicidad después del orden.* Aguilar.
104   MAGNUSSON, Margareta (2017). *El arte sueco de ordenar antes de morir.* Reservoir Books.

cuente en Suecia y que realizan, sobre todo, los mayores de 50 años, basándose también en la cultura de deshacerse de lo que has ido acumulando a lo largo de los años y que ya no te sirve.

Aunque lo que propone es similar a lo que sugiere Marie Kondo, Magnusson le da un sentido más amplio al proponer deshacerte de las cosas no solo porque no te son útiles, sino porque de esta forma evitarás mucho trabajo y problemas a tus descendientes, ya que, según describe en su libro, «a lo largo de tu vida has reunido multitud de cosas maravillosas: cosas con un valor que tu familia y amigos no sabrán calcular y de las que no podrán hacerse cargo».

Al disminuir tu número de pertenencias, apenas necesitarás capacidad de almacenamiento, convirtiendo tu hogar en un espacio mucho más ordenado y acogedor. Tendrás que tomar menos decisiones sobre lo que vas a usar, cómo lo vas a guardar, etc., teniendo siempre a mano lo que te gusta y te hace sentir bien. También te permitirá decidir y elegir fácilmente lo que quieras comprar y que va a añadir un valor más a tu vida.

El arte de deshacerte de lo que no necesitas requiere tiempo, por lo que debes empezar a trabajarlo. Es un proceso que puede ser muy enriquecedor si sabes cómo realizarlo, o por el contrario, puedes terminar por deshacerte de todo, o bien no descartar nada. Soy consciente de lo difícil que es desprenderse de algo que has ido acumulando hasta ahora y que en su momento tenía un valor, aunque tengas olvidado que lo tenías.

Debes empezar por desechar lo que te sea más fácil y tenga poco valor sentimental para ti. De esta manera, te será más sencillo decidir si lo quieres o lo necesitas, lo que te irá generando cada vez más confianza. Tu visión y la forma de analizar cada pertenencia irán cambiando a medida que avances, lo que te hará más consciente de que estás generando un cambio en tu vida, animándote a tomar otras decisiones sobre cómo quieres que sea tu nuevo estilo de vida y qué sentido quieres darle a esta nueva etapa.

Ha llegado el momento de gestionar tus recursos económicos y decidir en qué quieres emplearlos. No debes seguir dedicando tus energías y recursos a acumular más y más, ya que tan solo obtendrás un bienestar temporal y nunca tendrás suficiente, porque siempre existirá la posibilidad de adquirir algo más nuevo y mejor.

Tus posibilidades económicas son las que son, por lo que debes decidir en qué quieres gastar tu dinero. Esto sí que lo puedes controlar, ya que está en tus manos gastar solo en lo que te hace feliz. De esta manera, sabrás lo que tienes, lo habrás escogido y disfrutarás de ello, a la vez que gastarás menos, con lo que evitarás pensar en la necesidad de ahorrar.

A todas estas cosas que ya no necesitas, o que para ti han perdido valor, seguro que puedes darles una segunda vida. Las más personales, o aquellas que han representado algo especial para ti, las puedes repartir entre la familia y amigos, las otras las puedes vender y generar unos ingresos extra, o ser generoso y entregarlas a la comunidad, ayudando a contribuir al bien social. Las que no puedan ser útiles, entretente en reciclarlas, con lo que también vas a contribuir, en una pequeña medida, a mantener el medioambiente.

Este ejercicio de quedarte solo con lo que te hace feliz te ayudará a recordar momentos de tu vida que tenías olvidados, lo que le añade un gran valor. Te pongo el ejemplo de las fotografías. A medida que vayas decidiendo qué harás con ellas, revivirás muchos de los buenos momentos que habías olvidado y no tenías presentes, ya que el cerebro tiende a recordar las malas experiencias y a olvidar las buenas.

¡Simplifica, simplifica, simplifica! Ese es mi lema. Simplifica todo lo que puedas en tu vida, solo tú conoces lo que necesitas para estar bien. Elimina todas aquellas cosas, tareas y compromisos que absorben tu tiempo, tu dinero, tu energía y no te aportan nada. Desde el inicio te he insistido en volver a los orígenes, a lo que de verdad importa. Sigue este camino.

✓ *La felicidad no se compra.*

✓ *No tener lo necesario no te dará la felicidad, pero tener demasiado tampoco, debes encontrar el equilibrio.*

✓ *Solo serás feliz apreciando lo que tienes. Esto es aplicable no solo a lo material, sino a la salud, a las relaciones humanas y a la vida en general.*

✓ *Ha llegado el momento de que empieces a preguntarte sobre todo lo que te rodea y si verdaderamente te es útil o le añade algún valor a tu vida.*

✓ *Libérate de todas aquellas cosas que no necesitas y que no te hacen feliz, y empezarás a sentirte libre para darle el sentido que quieres a esta nueva etapa.*

# La vida en pequeños núcleos de población

> «Solo desde una calma interna, el hombre fue capaz de descubrir y formar entornos tranquilos».
>
> Stephen Gardiner

Según un estudio del Fondo de Población de las Naciones Unidas, desde el 2007 más de la mitad de la población mundial vive en ciudades. Los últimos datos publicados por el Grupo Banco Mundial indican que el 55,27 % de la población de todo el mundo habita en ciudades de más de 300.000 habitantes. Si nos centramos en Europa, es del 75 %, y del 82 % en Estados Unidos.

A medida que vamos cumpliendo etapas, los beneficios de vivir en las grandes ciudades van perdiendo protagonismo, debido al coste personal y económico que ello representa. En las grandes urbes es donde se concentran las oportunidades de trabajo, de educación pública o privada, de centros comerciales, de autoservicios y de centros de ocio, por lo que están preparadas para satisfacer gran parte de las necesidades que tenías hasta ahora.

Actualmente, tus necesidades han cambiado. Permanecer en ellas te obliga a soportar el tráfico y las aglomeraciones, el mayor coste de vida, la rapidez del día a día, la despersonalización, el individualismo y el anonimato, por lo que no te permiten disfrutar de una buena calidad de vida, comparada con la que puedes tener residiendo en comunidades más pequeñas.

Aunque las Administraciones realicen constantes inversiones para que las grandes urbes sean más amigables, es posible que te hayas planteado, o te plantees en un futuro, si te compensa vivir en ellas o si es esta la vida que deseas en tu nueva etapa.

En el año 1966, la OMS, durante el Foro Mundial de la Salud, celebrado en Ginebra, definió «calidad de vida» como «la percepción que un individuo tiene de su lugar en la existencia, en el contexto de la cultura y del sistema de valores en los que vive y en relación con sus objetivos, expectativas, normas y preocupaciones».

En esta nueva etapa, nuestros objetivos, nuestras expectativas y preocupaciones, así como nuestra escala de valores, han cambiado, ya no son las mismas que teníamos hace veinte años, por lo que ha llegado el momento de valorar si te sigue compensando vivir en la gran ciudad o si preferirías trasladarte a una comunidad más pequeña, buscando un mayor bienestar.

Es importante que te preguntes dónde y cómo quieres vivir en el futuro, ya que el entorno físico y social que escojas tendrá una gran influencia sobre la experiencia y las oportunidades de las que dispondrás al envejecer.

A medida que pasen los años, te será más fácil sentirte desplazado en la gran ciudad, por lo que ahora es el momento en que estás más capacitado para decidir dónde te gustaría residir. Este debe ser un lugar que te permita envejecer siendo joven o morir joven siendo lo más viejo posible.

Hoy en día, ya no compartimos la casa con nuestros hijos, desconocemos o no nos relacionamos con la mayoría de nuestros vecinos y, además, nuestros amigos suelen vivir más o menos lejos, por lo que no es fácil reunirse con ellos. Si a ello sumamos la propia arquitectura, estructura e idiosincrasia de la gran ciudad, es muy posible que con los años veas restringidas tus libertades, lo que mermará tu calidad de vida. Por todo ello, es bueno que reflexiones si la ciudad es para ti, como la película dirigida por Pedro Lazaga, en el año 1966, y protagonizada por Paco Martínez Soria, *La ciudad no es para mí.*

Eres consciente de que tu situación ha cambiado o cambiará en breve, por lo que, a partir de ahora, tú decidirás el tipo de vida que quieres llevar y cuáles van a ser tus necesidades y escala de valores. Si lo que buscas es mejorar tu bienestar en todas las áreas y una respuesta a todas tus necesidades sociales, físicas y materiales, las pequeñas ciudades, comunidades o pueblos cumplen perfectamente con estas expectativas.

La OMS, en el año 2002, lanzó una serie de iniciativas para facilitar el envejecimiento activo y saludable, bajo el marco de un mundo amigable, conocido como el Agefriendly World. Su propósito es favorecer que las personas de cierta edad puedan seguir desarrollándose, conservando su autonomía, salud y dignidad. Ello se plasmó en el 2010, creando la Red Global para Ciudades y Comunidades Amigas de la Edad, formada actualmente por 1000 ciudades y comunidades en 41 países de todo el mundo, con el compromiso de facilitar a sus pobladores la participación activa en la vida comunitaria, así como de promover un envejecimiento activo y saludable.

Los datos del Instituto Nacional de Estadística (INE), a través del censo, confirman una paulatina vuelta a la vida en los pueblos, por lo que es cada vez mayor el número de jubilados nacionales y extranjeros que se instalan a vivir en alguna pequeña localidad de nuestro país.

En el presente es fácil mantener el contacto con la familia y los amigos desde la distancia, gracias a las nuevas tecnologías y a la facilidad de viajar. Miles de pensionistas ingleses, alemanes y, en los últimos años, suecos y daneses abandonan sus países de origen y se vienen a residir en nuestros pueblos. Los mueven la paz que se respira en ellos, el menor coste económico y el beneficio de una infraestructura social y sanitaria de primer orden. Hablando en términos comerciales, disponen de una mejor calidad a un menor precio.

Estos avances en la comunicación y el transporte, junto con su bajo coste, también facilitan la posibilidad de ubicarse en otros países. Actualmente, Costa Rica ofrece uno de los estándares de vida más altos de toda América Latina, a un coste igual o menor que muchas de las poblaciones de nuestro país. Malasia, Panamá, Ecuador y Portugal serían otras opciones que presentan las mismas ventajas, eso sí, cada una con su identidad propia.

El Dr. Vicente Rodríguez, profesor de Investigación del Instituto de Economía, Geografía y Demografía del Centro Superior de Investigaciones Científicas (CSIC), en su trabajo *Turismo residencial y migración de jubilados*[105], define este periodo al que te enfrentas como «el de vacaciones más extenso en la vida de una persona».

La vida en una pequeña comunidad no solo te puede beneficiar en lo que respecta a tu salud y bienestar, sino que también, por el solo hecho de vivir en ella, va a mejorar tu economía. Sean cuales sean tus ahorros o la pensión que percibas, se revalorizará tu poder adquisitivo, ya que el coste de vida es menor. También el precio de la vivienda es más asequible, tanto si es de alquiler como si es de compra, lo que facilita la posibilidad de disponer de una casa unifa-

---

105 RODRÍGUEZ RODRÍGUEZ, Vicente (2004). «Turismo residencial y migración de jubilados». *Mediterráneo económico*, n.º 5.

miliar, incluso de un patio o un terreno en el que puedes cultivar, lo cual te va a permitir gozar de un contacto más personal e íntimo con la naturaleza.

En la ciudad no te das cuenta porque ya lo tienes interiorizado, pero pagas por todo, y todo es más caro: los impuestos municipales, la compra diaria, los servicios, como restaurantes, bares, mecánicos, electricistas, fontaneros..., todo es más caro.

En 1948, la OMS definió la «salud» como el «completo estado de bienestar físico, mental y social, y no solo la ausencia de enfermedad». En el pueblo, el entorno es más saludable, ya que andas más, respiras mejor, es más asequible llevar una alimentación sana y te permite relacionarte e interaccionar más fácilmente con la comunidad. Gracias a todo ello, sufrirás menos estrés, serás autónomo durante más tiempo y, como te he comentado, tus finanzas serán más sostenibles. Según la definición de la OMS, y en esta nueva etapa, la vida en una pequeña comunidad creo que te ofrece la opción más saludable.

Este *health lifestyle*, o estilo de vida saludable, no solo lo podemos encontrar en pequeñas ciudades y pueblos, sino también en pequeñas comunidades dentro de las grandes ciudades. Existen barrios que han sabido conservar el espíritu de colectividad, donde la gente aún se conoce, se relaciona y puede pasear tranquilamente por la calle, debido al poco tráfico, las zonas peatonales y las plazoletas, coexistiendo el pequeño comercio con una estructura urbana amable.

En términos de sostenibilidad, el hecho de residir en pequeñas comunidades te ofrece una vida más sostenible que la que puedas llevar en la gran ciudad.

Actualmente, debido al estilo de vida que ha ido adoptando la sociedad, junto con la pérdida de oportunidades de trabajo y de educación, muchos pueblos se han ido despoblando. Es paradójico pensar que, a pesar de las ventajas que ofrecen respecto a las ciudades, estén desapareciendo.

En España, se calcula que son más de 4000 las aldeas y localidades las que corren riesgo de desaparecer, aunque el problema es generalizado en los principales continentes. Dichas despoblación y migración hacia las grandes ciudades han llevado a proponer diferentes iniciativas para fomentar la vuelta de la población a las pequeñas urbes.

Una de estas iniciativas es «La Estrategia Nacional frente al Reto Demográfico», elaborado por el Gobierno español en 2019, que consiste en un plan específico para la protección del mundo rural. El proyecto «Volver al pueblo», de la Confederación de Centros de Desarrollo Rural (COCEDER), financiado por el Ministerio de Sanidad, Consumo y Bienestar Social, facilita la vivienda a nuevos pobladores en el medio rural, a través de los Centros de Desarrollo Rural de Galicia, Andalucía, Aragón, Asturias, Cantabria, Castilla y León, Extremadura y Comunidad Valenciana. Según explica Juan Manuel Polentinos, director gerente de COCEDER, «el objetivo es conseguir una población estable y un medio rural vivo, con servicios, iniciativas y vitalidad, donde las personas puedan desarrollar su proyecto de vida».

También encontramos iniciativas similares en el resto de países industrializados de todo el mundo, como la propuesta por las autoridades de Bormida, una localidad italiana de la región de Liguria, que en el año 1900 tenía 1000 habitantes y que hoy dispone de menos de 400. Ante este hecho, la alcaldía decidió lanzar una campaña para captar interesados, a los que ofrece 2000 euros, para facilitar su radicación. En Argentina, en la provincia de Santa Fe, hay un pequeño pueblo de 1300 habitantes, Colonia Belgrano, que está a tan solo 90 km de la capital, en el que decidieron lanzar el programa «Bienvenidos a mi pueblo», a través del cual entregan tierras para la construcción de viviendas y ayudas para empezar una nueva vida.

Estas iniciativas están centradas en recuperar a la gente joven para reactivar la economía de estas pequeñas poblaciones. Para ello, proponen potenciar la agricultura o crear nueva industria, esperando rescatar la economía y la creación de servicios, entre ellos, la educación. Actualmente, son muy pocas las iniciativas enfocadas a recuperar estos entornos naturales, adaptándolos a las necesidades de un colectivo tan numeroso y que tanto puede ofrecer, como la generación *silver*.

No podemos olvidar que la *silver economy* es la tercera economía mundial. Creo que hay una gran oportunidad de inversión y de beneficio a nivel social y económico, así como de rendimiento para el capital aportado por los inversores, para los proyectos basados en recuperar regiones en proceso de despoblación, pensando en las necesidades de la generación *silver*. Estos proyectos deberán ser capaces de ofrecer pueblos que permitan vivir una *healthy life*, que es la que buscan y por la que están dispuestos a pagar los integrantes de esta generación. No sería de extrañar que, en un futuro no muy lejano, se produjera el éxodo de estos desde las grandes ciudades hacia los pequeños núcleos de población.

La *healthy life*, o vida saludable, que puedes encontrar en estos entornos empieza por la paz especial que se respira como resultado de la vida más relajada que llevan sus habitantes. Tendrás la oportunidad de poder respirar un aire más puro, incluso contemplar su luz, que es diferente, ya que no hay polución. También disfrutarás de la falta de contaminación acústica y de un mayor contacto con la naturaleza. La suma de todo ello facilita la paz interior, un menor nivel de ansiedad y estrés, junto con una mayor sensación de felicidad.

También te será más fácil llevar una alimentación más

natural y sana, ya que te beneficiarás de la posibilidad de adquirir alimentos de pequeños productores de tu entorno o de consumir productos que hayas cultivado personalmente. Uno de los acontecimientos semanales, en estas poblaciones, siguen siendo los mercados, a los que es difícil no asistir, ya que normalmente se instalan en el centro de la población. Pasear por el mercado te facilitará la compra de comida natural y fresca, por lo que irás perdiendo el hábito de consumir alimentos procesados y ultraprocesados.

En el pueblo no necesitas el coche ni el transporte público para desplazarte, sino que sus cortas distancias y el poco tráfico te permitirán andar o utilizar la bicicleta, favoreciendo que realices una mayor actividad física en tu día a día.

Por el contrario, las grandes ciudades, por su idiosincrasia particular, el tráfico, los semáforos, las aglomeraciones y las barreras arquitectónicas, facilitarán que veas limitada tu autonomía con los años, lo que te va a impedir andar solo, moverte tranquilamente o montar en bicicleta, ya que no están preparadas para ello.

Según los datos aportados por Alex Garrido-Méndez[106], director del Departamento de Ciencias del Deporte y Acondicionamiento Físico de la Universidad Católica de la Santísima Concepción (Chile), el porcentaje de permanecer inactivo al vivir en una ciudad es del 85,4 %, frente al 14,6 % si vives en el pueblo.

Debes saber que las relaciones sociales son importantes para el mantenimiento de tu salud y tu longevidad, y que, con la edad, estas serán más difíciles de mantener. El estudio de la Dra. Julianne Holt-Lunstad, publicado en la

---

106 GARRIDO-MÉNDEZ, Alex, *et al.* (2019). «Influencia de la edad sobre el cumplimiento de las recomendaciones de actividad física: Resultados de la Encuesta Nacional de Salud en Chile 2009-2010». *Revista chilena de nutrición*, 46.2: 121-128.

revista *Perspectives on psychological science*[107], confirma que la soledad, el aislamiento social y vivir solo están relacionados con una menor esperanza de vida, pudiendo llegar a reducirse hasta un 30 %.

Por su parte, John Cacioppo[108], profesor de Psicología en la Universidad de Chicago, afirma también que «sentir una soledad extrema puede aumentar en un 14 % las posibilidades de sufrir una muerte prematura en una persona mayor».

Frente a las ciudades, uno de los valores importantes que nos ofrece la vida en los pueblos es la facilidad de socializar. En los pueblos es fácil que todo el mundo se conozca y termine saludándose. También encontrarás una gran disponibilidad con tus vecinos, tú terminarás preocupándote por ellos, y ellos cuidarán de ti, con lo que dejarás de depender, obligatoriamente, de la familia. ¿Os habéis preguntado por qué hay tan pocas residencias geriátricas en los pueblos?

Al conocerse entre vecinos, resulta más fácil detectar situaciones extrañas o conductas atípicas en los individuos, y tendrás cerca a quien acudir en caso de necesidad, lo que te dará una tranquilidad que es más difícil de obtener en la ciudad.

Sería incorrecto no comentar y obviar todo aquello a lo que renuncias al no vivir en una gran ciudad. Debes saber que no dispondrás fácilmente de la misma oferta de grandes centros comerciales o de ocio, y que estarás más limitado a nivel cultural, ya que no gozarás de la misma propuesta de eventos, museos, conciertos o exposiciones. Tampoco con-

---

107 HOLT-LUNSTAD, Julianne, *et al.* (2015). «Loneliness and social isolation as risk factors for mortality: a meta-analytic review». *Perspectives on psychological science*, 10.2: 227-237.

108 PERISSINOTTO, Carla M.; STIJACIC CENZER, Irena, y COVINSKY, Kenneth E. (2012). «Loneliness in older persons: a predictor of functional decline and death». *Archives of internal medicine*, 172.14: 1078-1084.

tarás, como sucede en muchas de estas poblaciones, con un gran centro sanitario próximo, aunque tus necesidades sanitarias seguro que quedarán cubiertas, la mayoría de las veces, por los centros de atención primaria.

✓ *Con los años, los beneficios de vivir en las grandes ciudades van perdiendo protagonismo, debido al coste personal, económico y a la pérdida de bienestar que conlleva.*

✓ *Debes ser consciente de que el entorno físico y social que escojas tendrá una gran influencia sobre la experiencia y las oportunidades de las que dispondrás al envejecer.*

✓ *Ahora es el momento en que estás más capacitado para decidir en qué lugar te gustaría residir, que te permita envejecer siendo joven o morir joven siendo lo más viejo posible.*

✓ *No me extrañaría que en un futuro no muy lejano se produjera el éxodo de parte de nuestra generación de las grandes ciudades hacia pequeños núcleos de población.*

✓ *La vida en una pequeña comunidad no solo te va a beneficiar mejorando tu salud y calidad de vida, sino que también tu economía va a salir beneficiada.*

# Recuerda

*Tu verdadero autodescubrimiento empieza ahora que eres libre,*
*ya que has abandonado tu zona de confort.*

*Debes diseñar tu nuevo estilo de vida, ya que va a marcar cómo*
*vas a vivir los próximos años de tu vida.*

*Ten claro lo que quieres, pero no debe importarte hasta dónde*
*llegues. Lo importante es el camino, lo que estás haciendo y lo*
*que sientes al hacerlo.*

*No relaciones el envejecimiento con la enfermedad, son procesos*
*distintos; por lo que de ti depende cómo quieras envejecer.*

*Adopta un estilo de vida saludable, ya que te va a permitir*
*envejecer más lentamente.*

*Puedes revertir tu edad biológica, tu edad real.*

*No te limites ni dejes que los demás decidan por ti, pues sus restricciones siempre serán superiores a las de tu propia biología.*

*Dedica tiempo a actividades que te gusten, por simples que te parezcan, ya que solo en la actividad desearás vivir 100 años.*

*Convierte tu actividad y tu tiempo libre en un espacio de crecimiento.*

*Un envejecimiento óptimo dependerá más de que adoptes una actitud positiva que de la salud que tengas.*

*El 40 % de tu felicidad depende de las decisiones que vayas tomando.*

*Vas a vivir más años, por lo que no te resignes a ser viejo más tiempo, sino que debes aspirar a ser joven más años.*

*Debes comer no solo alimentos adecuados, sino que debes comerlos en la cantidad adecuada.*

*Estimula tu cerebro aprovechando la neuroplasticidad. Rétalo con nuevos desafíos, nútrelo realizando ejercicio y dale una visión optimista de la vida.*

*Recupera tu ritmo circadiano dejando fluir el sueño.*

*Introduce la práctica de mindfulness en tu nuevo estilo de vida.*

*No olvides cuidar tu forma física, ya que es un excelente predictor de tu esperanza de vida.*

*Ha llegado el momento de que tengas claro cómo y en qué empleas, o quemas, tu dinero.*

*La felicidad no se compra. No tener lo necesario no te dará la felicidad, pero tener demasiado, tampoco; debes encontrar el equilibrio.*

*Libérate de todas aquellas cosas que no necesitas y que no te hacen feliz, y empezarás a sentirte libre.*

*Debes ser consciente de que el entorno físico y social que escojas tendrá una gran influencia sobre la experiencia y las oportunidades de las que dispondrás al envejecer.*

*Simplifica, simplifica, simplifica... y vuelve a los orígenes.*

*Bienvenido a la generación silver. ¡Ahora empieza lo mejor!*

# Bibliografía

ADAMS, Jeremy y KIRKBY, Robert J. (2002). «Excessive exercise as an addiction: A review». *Addiction Research & Theory*, 10.5: 415-437.

ALBELAY, Belkys Lázara Balmaseda (2010). «La bailoterapia, una opción saludable y divertida para elevar la calidad de vida de las personas de cualquier edad». *PODIUM, Revista de Ciencia y Tecnología en la Cultura Física*, 5.2: 165-175.

ALDA, Marta, *et al.* (2016). «Zen meditation, length of telomeres, and the role of experiential avoidance and compassion». *Mindfulness*, 7.3: 651-659.

ALTMAN, Joseph. «Are new neurons formed in the brains of adult mammals?». *Science* 135.3509 (1962): 1127-1128.

AMERICAN PSYCHOLOGICAL ASSOCIATION (2013). «Healthcare system falls short on stress management».

ARAKAWA, Masashi, *et al.* (2002). «Comparative study on sleep health and lifestyle of the elderly in the urban areas and suburbs of Okinawa». Psychiatry and clinical neurosciences, 56.3: 245-246.

BAKER III, George T. y SPROTT, Richard L. (1988). «Biomarkers of aging». *Experimental gerontology*, 23.4-5: 223-239.

BELSKY, Daniel W., *et al.* (2015). «Quantification of biological aging in young adults». *Proceedings of the National Academy of Sciences*, 112.30: E4104-E4110.

BLAIR, Steven N., *et al.* (1995). «Changes in physical fitness and all-cause mortality: a prospective study of healthy and unhealthy men». *JAMA*, 273.14: 1093-1098.

BLANCHFLOWER, David G. y OSWALD, Andrew J. (2008). «Is well-being U-shaped over the life cycle?». *Social science & medicine*, 66.8: 1733-1749.

BLASCO, María A. y SALOMONE, Mónica G. (2016). *Morir joven, a los 140*. Barcelona: Paidós.

BUETTNER, D. (2020). *El secreto de las zonas azules: Comer y vivir como la gente más sana del mundo*. Ed. Grijalvo.

BUETTNER, Dan (2005). «New Wrinkles on Aging Residents of Okinawa, Sardinia, and Loma Linda, California, live longer, healthier lives than just about anyone else on Earth. What do they know that the rest of us don't?». *National Geographic*, 208.5: 2.

—(2012). *The blue zones: 9 lessons for living longer from the people who've lived the longest*. National Geographic Books.

BURGOS PELÁEZ, Rosa (2006). «Sarcopenia en ancianos». *Endocrinología y Nutrición*, 53.5: 335-345.

BURSZTYN, Michael y STESSMAN, Jochanan (2005). «The siesta and mortality: twelve years of prospective observations in 70-year-olds». *Sleep*, 28.3: 345-347.

CAJINA, Gregory (2013). *Rompe con tu zona de confort: 52 propuestas para tomar las tiendas de tu vida*. Espasa Libros.

CALDWELL, Karen L., *et al.* (2016). «Effects of Tai Chi Chuan on anxiety and sleep quality in young adults: lessons from a randomized controlled feasibility study». *Nature and science of sleep*, 8: 305.

CANFIELD, Jack (2013). *Sopa de pollo para el alma*. Alba Editorial.

CARSTENSEN, Laura L., *et al.* (2011). «Emotional experience improves with age: evidence based on over 10 years of experience sampling». *Psychology and aging*, 26.1: 21.

CHEN, Weiyang, *et al.* (2015). «Three-dimensional human facial morphologies as robust aging markers». *Cell research*, 25.5: 574-587.

CHOPRA, Deepak y SIMON, David (2002). *Rejuvenezca y viva más tiempo*. Editorial Norma.

CHRISTENSEN, K.; DOBLHAMMER, G.; RAU, R., y VAUPEL, J. W. (2009). «Ageing populations: the challenges ahead». *Lancet*, 374.9696: 1196-2008.

Cotman, Carl W. y Berchtold, Nicole C. (2002). «Exercise: a behavioral intervention to enhance brain health and plasticity». *Trends in neurosciences*, 25.6: 295-301.

Cowen, Alan S., *et al.* (2020). «What music makes us feel: At least 13 dimensions organize subjective experiences associated with music across different cultures». *Proceedings of the National Academy of Sciences*, vol. 117, n.º 4:1924-1934.

Croom, Adam M. (2012). «Music, neuroscience, and the psychology of well-being: a précis». *Frontiers in psychology*, 2: 393.

Csikszentmihalyi, M. (2010). *Fluir (flow): una psicología de la felicidad*. Editorial Kairós. (Título original: *Flow: The Psychology of Optimal Experience*, obra publicada en el año 1990).

Das, Sai Krupa, *et al.* (2007). «Long-term effects of 2 energy-restricted diets differing in glycemic load on dietary adherence, body composition, and metabolism in CALERIE: a 1-y randomized controlled trial». *The American journal of clinical nutrition*, 85.4: 1023-1030.

Depp, Colin A., *et al.* (2010). «Age, affective experience, and television use». *American journal of preventive medicine*, 39.2: 173-178.

Díaz Méndez, C. (2016). «Estabilidad y cambio en los hábitos alimentarios de los españoles». *Acta Pediátrica Española*, 74.1.

Dulcey-Ruiz, Elisa (2006). «Psicología del envejecimiento». *Geriatría Fundamentos de Medicina*. Medellín: Corporación para Investigaciones Biológicas, CIB: 64-8.

Ernst, Aurélie, *et al.* (2014). «Neurogenesis in the striatum of the adult human brain». *Cell* 156.5: 1072-1083.

Esteve, Albert; Devolder, Daniel, y Blanes, Amand (2018). «El factor demográfico en la sostenibilidad del sistema de pensiones en España». *Perspectives demogràfiques*, n.º 009. Centre d'Estudis Demogràfics, Universidad Autónoma de Barcelona.

Festini, Sara B.; McDonough, Ian M., y Park, Denise C. (2016): «The busier the better: Greater busyness is associated with better cognition». *Frontiers in aging neuroscience*, 8: 98.

Frankl, Viktor (2015). *El hombre en busca de sentido*. Herder Editorial.

FRIEDMAN, Howard S. y MARTIN, Leslie R. (2011). *The longevity project: surprising discoveries for health and long life from the landmark eight decade study.* Hay House, Inc.

GARRIDO-MÉNDEZ, Alex, *et al.* (2019). «Influencia de la edad sobre el cumplimiento de las recomendaciones de actividad física: Resultados de la Encuesta Nacional de Salud en Chile 2009-2010». *Revista chilena de nutrición,* 46.2: 121-128.

GIL CALVO, Enrique (2004). «El "poder gris". Consecuencias culturales y políticas del envejecimiento de la población». *ICE, Revista de Economía,* 815.

GOLEMAN, Daniel (2010). *La práctica de la inteligencia emocional.* Editorial Kairós.

GOTHE, Neha P.; KRAMER, Arthur F., y McAULEY, Edward (2014). «The effects of an 8-week Hatha yoga intervention on executive function in older adults». *Journals of Gerontology Series A: Biomedical Sciences and Medical Sciences,* 69.9: 1109-1116.

GOTHE, Neha P.; KESWANI, Rahul K., y McAULEY, Edward (2016). «Yoga practice improves executive function by attenuating stress levels». *Biological psychology,* 121: 109-116.

GROSS, Charles G. (2000). «Neurogenesis in the adult brain: death of a dogma». *Nature Reviews Neuroscience,* 1.1: 67-73.

HAN, Byung-Chul (2017). *La sociedad del cansancio: Segunda edición ampliada.* Herder Editorial.

HANH, Nhat y MARTÍ, Núria (2007). *El milagro de mindfulness.* Vol. 11. Oniro.

HANH, Nhat (2016). *Silencio: el poder de la quietud en un mundo ruidoso.* N.º 159.942 N4999s. Ej. 1024951. Urano.

HARRAAN, Denham (1955). «Aging: a theory based on free radical and radiation chemistry». *Journal of Gerontology,* vol. 11.

HARRIS, Leanne, *et al.* (2018). «Intermittent fasting interventions for treatment of overweight and obesity in adults: a systematic review and meta-analysis». *JBI database of systematic reviews and implementation reports,* vol. 16, n.º 2:507-547.

HARRISON, Robert Pogue (2014). *Juvenescence: A cultural history of our age.* University of Chicago Press.

HAYFLICK, Leonard (1968). «Human cells and aging». *Scientific American* 218.3: 32-37.

HILL, Patrick L. y TURIANO, Nicholas A. (2014). «Purpose in life as a predictor of mortality across adulthood». *Psychological science*, 25.7: 1482-1486.

HO, Tsung-Jung, *et al.* (2014). «Tai Chi intervention increases progenitor CD34+ cells in young adults». *Cell transplantation*, 23.4-5: 613-620.

HOLT-LUNSTAD, Julianne, *et al.* (2015). «Loneliness and social isolation as risk factors for mortality: a meta-analytic review». *Perspectives on psychological science*, 10.2: 227-237.

HÖLZEL, Britta K., *et al.* (2011). «Mindfulness practice leads to increases in regional brain gray matter density». *Psychiatry research: neuroimaging*, 191.1: 36-43.

ISAACOWITZ, Derek M. (2012). «Mood regulation in real time: Age differences in the role of looking». *Current directions in psychological science*, 21.4: 237-242.

JANE, Louisa, *et al.* (2015). «Intermittent fasting interventions for the treatment of overweight and obesity in adults aged 18 years and over: a systematic review protocol». *JBI Evidence Synthesis*, vol. 13, n.º 10: 60-68.

JESTE, Dilip V. y OSWALD, Andrew J. (2014). «Individual and societal wisdom: Explaining the paradox of human aging and high well-being». *Psychiatry: Interpersonal and Biological Processes*, 77.4: 317-330.

KABAT-ZINN, Jon (1982). «An outpatient program in behavioral medicine for chronic pain patients based on the practice of mindfulness meditation: Theoretical considerations and preliminary results». *General hospital psychiatry*, 4.1: 33-47.

—. (1990). *Full catastrophe living: The program of the stress reduction clinic at the University of Massachusetts Medical Center.* 264-273.

—. (2016). *Vivir con plenitud las crisis: Cómo utilizar la sabiduría del cuerpo y de la mente para enfrentarnos al estrés, el dolor y la enfermedad.* Editorial Kairós, 2016.

KANTANEVA, Marko (2005). *Nordic walking-das Original.* Meyer und Meyer.

KOJIMA, Masayo, *et al.* (2000). «Sleep patterns and total mortality: a 12-year follow-up study in Japan». *Journal of epidemiology*, 10.2: 87-93.

KONDO, Marie (2015). *La felicidad después del orden.* Aguilar.

—. (2011). *La magia del orden (La magia del orden 1): Herramientas para ordenar tu casa... ¡y tu vida!* Aguilar.

KRAUS, William E., *et al.* (2019). «2 years of calorie restriction and cardiometabolic risk (CALERIE): exploratory outcomes of a multicentre, phase 2, randomised controlled trial». *The lancet Diabetes & endocrinology,* vol. 7, n.° 9: 673-683.

KRIPKE, Daniel F., *et al.* (1979). «Short and long sleep and sleeping pills: is increased mortality associated?». *Archives of general psychiatry,* 36.1: 103-116.

—(2002). «Mortality associated with sleep duration and insomnia». *Archives of general psychiatry,* 59.2: 131-136.

KÜPPERS, Victor (2013). *Vivir la vida con sentido.* Plataforma.

KURTH, Florian, *et al.* (2014). «Brain gray matter changes associated with mindfulness meditation in older adults: an exploratory pilot study using voxel-based morphometry». *Neuro: open journal,* 1.1: 23.

KWAK, Seyul, *et al.* (2018). «Feeling how old i am: subjective age is associated with estimated brain age». *Frontiers in aging neuroscience,* 10: 168.

LACEY, Heather P.; SMITH, Dylan M., y UBEL, Peter A. (2006). «Hope I die before I get old: Mispredicting happiness across the adult lifespan». *Journal of Happiness Studies,* 7.2: 167-182.

LAMONT, Alexandra (2011). «University students' strong experiences of music: Pleasure, engagement, and meaning». *Musicae Scientiae,* 15.2: 229-249.

LEHALLIER, Benoit, *et al.* (2019). «Undulating changes in human plasma proteome profiles across the lifespan». *Nature Medicine,* 25.12: 1843-1850.

LIMB, Charles J. y BRAUN, Allen R. (2008). «Neural substrates of spontaneous musical performance: An fMRI study of jazz improvisation». *PLOS ONE,* 3.2.

MAGNUSSON, Margareta (2017). *El arte sueco de ordenar antes de morir.* Reservoir Books.

MARK, Gloria; GUDITH, Daniela, y ULRICH Klocke (2008). «The cost of interrupted work: more speed and stress». *Proceedings of the SIGCHI conference on Human Factors in Computing Systems.*

MARKLUND, Bertil (2017). *10 consejos para alargar tu vida.* Zenith.

MAYHEW, A. J., *et al.* (2019). «The prevalence of sarcopenia in community-dwelling older adults, an exploration of differences between studies and within definitions: a systematic review and meta-analyses». *Age and ageing*, 48.1: 48-56.

McCAY, Carl M.; CROWELL, Mary F., y MAYNARD, Lewis A. (1935). «The effect of retarded growth upon the length of life span and upon the ultimate body size: one figure». *The journal of Nutrition*, 10.1: 63-79.

MIYAWAKI, A.; LEE, J. S., y KOBAYASHI, Y. (2019). «Impact of the school lunch program on overweight and obesity among junior high school students: a nationwide study in Japan». *Journal of Public Health*, 41.2: 362-370.

MUÑOZ-LORENTE, Miguel A., *et al.* (2018). «AAV9-mediated telomerase activation does not accelerate tumorigenesis in the context of oncogenic K-Ras-induced lung cancer». *PLOS GENETICS*, 14.8.

MYERS, Jonathan, *et al.* (2002). «Exercise capacity and mortality among men referred for exercise testing». *New England journal of medicine*, 346.11: 793-801.

NAGUMO, Y. (2016). *Un día. Una comida: El método japonés para estar más saludable, prevenir enfermedades y rejuvenecer.* Grupo Planeta Spain.

NEBOT, F. (1923). *Ideas modernas sobre la alimentación.* Ed. Saturnino Calleja, S. A.

NEUPERT, Shevaun D. y BELLINGTIER, Jennifer A. (2017). «Aging attitudes and daily awareness of age-related change interact to predict negative affect». *The Gerontologist*, 57.suppl_2: S187-S192.

O'DONOVAN, Gary, *et al.* (2017). «Association of "weekend warrior" and other leisure time physical activity patterns with risks for all-cause, cardiovascular disease, and cancer mortality». *JAMA Internal Medicine*, 177.3: 335-342.

OROZCO-CALDERÓN, Gabriela; GUERRERO-HUERTA, Sergio, y ANAYA-CHÁVEZ, Melisa (2018). «Tai Chi en el envejecimiento cognitivo y actividades de la vida diaria». *Ciencia & Futuro*, 8.1: 101-123.

PENMAN, Danny (2017). *El arte de respirar: El secreto mejor guardado del mindfulness.* Ediciones Paidós.

PERISSINOTTO, Carla M.; STIJACIC CENZER, Irena, y COVINSKY, Kenneth E. (2012). «Loneliness in older persons: a predictor of functional decline and death». *Archives of internal medicine*, 172.14: 1078-1084.

PETERMANN, Fanny, *et al.* (2018). «El transporte activo: podría reducir hasta en un 40% el riesgo de desarollar cáncer, enfermedades cardiovasculares y mortalidad prematura». *Revista Médica Clínica Las Condes*, 29.1: 101-102.

POULAIN, Michel, *et al.* (2003). «Age-validation and non-random Spatial Distribution of Extreme Longevity in Sardinia: the AKEA Study». Unpublished draft from November.

POULAIN, Michel, *et al.* (2004). «Identification of a geographic area characterized by extreme longevity in the Sardinia island: the AKEA study». *Experimental gerontology*, vol. 39, n°. 9:1423-1429.

PUDDICOMBE, Andy (2012). *Mindfulness. Atención plena: Haz espacio en tu mente.* EDAF.

PUIG, Mario Alonso (2017). *¡Tómate un respiro! Mindfulness: El arte de mantener la calma en medio de la tempestad.* Espasa.

—(2012). *Reinventarse.* Plataforma.

QUINTANA HERNÁNDEZ, Domingo Jesús, *et al.* (2015). «Estimulación basada en mindfulness en la enfermedad de Alzheimer avanzada: ensayo clínico piloto comparativo de equivalencia». *Revista Española de Geriatría y Gerontología*, 50.4: 168-173.

RAMOS, N. S.; HERNÁNDEZ, S. M., y BLANCA, M.ª José (2009). «Hacia un programa integrado de mindfulness e inteligencia emocional». *Ansiedad y estrés*, 15.2-3: 207-216.

RAUCH, Jonathan (2018). *The Happiness Curve: Why Life Gets Better After 50.* Thomas Dunne Books.

REHFELD, Kathrin, *et al.* (2017). «Dancing or fitness sport? The effects of two training programs on hippocampal plasticity and balance abilities in healthy seniors». *Frontiers in human neuroscience*, 11: 305.

RISO, Walter (2004). *Pensar bien, sentirse bien.* Editorial Norma.

ROBINSON, Ken (2014). *Encuentro Tu Elemento: El Camino para Discubrir to Pasión y Transformar Tu Vida.* Vintage Espanol.

RODRÍGUEZ RODRÍGUEZ, Vicente (2004). «Turismo residencial y migración de jubilados». *Mediterráneo económico*, n.º 5.

ROSENBERG, Irwin H. (1997). «Sarcopenia: origins and clinical relevance». *The Journal of nutrition*, 127.5: 990S-991S.

RUIZ-TORRES, A. y HOFECKER, G. (2003). «Marcadores biológicos del envejecimiento». *Revista Española de Geriatría y Gerontología*, 38.6: 369-373.

RUZANKINA, Y. y BROWN, E. J. (2007). «Relationships between stem cell exhaustion, tumour suppression and ageing». *British journal of cancer*, 97.9: 1189-1193.

SALDMANN, Frédéric (2014). *El mejor medicamento eres tú: la salud está en tus manos*. Aguilar.

SALIMPOOR, Valorie N., *et al.* (2011). «Anatomically distinct dopamine release during anticipation and experience of peak emotion to music». *Nature neuroscience*, 14.2: 257.

SANTANDREU, R. (2011). «Nada es tan terrible». Editorial Grijalbo.

SELIGMAN, Martin E. P. (2012). *Flourish: A visionary new understanding of happiness and well-being*. Simon and Schuster.

SIEGEL, Jerome M. (2008). «Do all animals sleep?». *Trends in neurosciences*, 31.4: 208-213.

SITGES A. (2020). *Si puede no vaya al médico*. Ed. Debate.

SONG, Mingyang, *et al.* (2016). «Association of animal and plant protein intake with all-cause and cause-specific mortality». *JAMA Internal Medicine*, 176.10: 1453-1463.

SORRELLS, Shawn F., *et al.* (2018). «Human hippocampal neurogenesis drops sharply in children to undetectable levels in adults». *Nature* 555.7696: 377-381.

SPALDING, Kirsty L., *et al.* (2005). «Retrospective birth dating of cells in humans». *Cell* 122.1: 133-143.

SUZUKI, Wendy (2015). *Cerebro activo, vida feliz*. Paidós, Barcelona.

SWANSON, Larry W., *et al.* (2017). *The beautiful brain: the drawings of Santiago Ramón y Cajal*. Abrams.

TAKAHASHI, Junko (2017). *El método japonés para vivir 100 años*. Editorial Planeta, S. A.

THOMPSON, David D. (2011). «Envejecimiento y sarcopenia». *Revista Metabolismo Óseo y Mineral*, 9.4: 140-1.

TOLAHUNASE, Madhuri; SAGAR, Rajesh, y DADA, Rima (2017). «Impact of yoga and meditation on cellular aging in apparently healthy individuals: a prospective, open-label single-arm exploratory study». *Oxidative medicine and cellular longevity.*

TREPANOWSKIT, John F., *et al.* (2017). «Effect of alternate-day fasting on weight loss, weight maintenance, and cardioprotection among metabolically healthy obese adults: a randomized clinical trial». *JAMA Internal Medicine,* vol. 177, n.º 7: 930-938.

WADE, Nicholas (2005). «Your body is younger than you think». *New York Times,* 2.

WILLCOX, Bradley J.; WILLCOX, D. Craig, y SUZUKI, Makoto (2002). *The Okinawa Program: How the World's Longest-lived People Achieve Everlasting Health and how You Can Too.* Harmony.

YACKLE, Kevin, *et al.* (2017). «Breathing control center neurons that promote arousal in mice». *Science,* 355.6332: 1411-1415.

YOSHIDA, Kenichi, *et al.* (2020). «Tobacco smoking and somatic mutations in human bronchial epithelium». *Nature,* 578.7794: 266-272.


ENLACES WEB

http://www.midus.wisc.edu/

https://genteyold.com/jonathan-rauch-nos-explica-por-que-la-vida-mejora-a-partir-de-los-50/

https://metroscopia.org/un-pais-con-ganas/

https://op.europa.eu/es/publication-detail/-/publication/a9efa929-3ec7-11e8-b5fe-01aa75ed71a1/language-en/format-RDF

https:www.jubilaciondefuturo.es/recursos/doc/pensiones/20180910/fondo-documental/vii-encuesta-instituto-bbva-de-pensiones.pdf

# Agradecimientos

A Roger Domingo, por su amistad, sus enseñanzas y su apoyo incondicional.

A Manuel Pimentel y Ángeles López, por creer en el éxito de este libro.

A todos los que me habéis animado a escribir este libro, tengáis la edad que tengáis, y que, como yo, creéis en un nuevo estilo de vida.